社会保障事业高质量发展研究

金　强　著

中国原子能出版社

图书在版编目〔CIP〕数据

社会保障事业高质量发展研究/金强著. --北京 ：
中国原子能出版社, 2024.6. --ISBN 978-7-5221-3509-
0

Ⅰ. D632.1

中国版本图书馆 CIP 数据核字第 2024FW3617 号

社会保障事业高质量发展研究

出版发行	中国原子能出版社(北京市海淀区阜成路 43 号　100048)
责任编辑	王　蕾
责任印刷	赵　明
印　　刷	北京九州迅驰传媒文化有限公司
经　　销	全国新华书店
开　　本	787 mm×1092 mm　1/16
印　　张	9.5
字　　数	127 千字
版　　次	2025 年 1 月第 1 版　　2025 年 1 月第 1 次印刷
书　　号	ISBN 978-7-5221-3509-0　　定　价　78.00 元

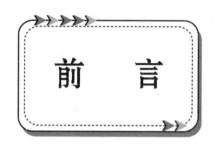

前　言

　　社会保障作为现代社会不可或缺的民生保障机制以及不可替代的基本制度安排,起到化解国民生活风险、协调社会利益、促进社会和谐发展、维护社会稳定的重要作用。社会保障制度事关每个公民的切身利益,健全完善的社会保障制度也是支撑高质量经济发展与和谐社会发展必不可少的条件之一。随着我国社会主义市场经济体制的不断深化和经济结构的不断调整,人口老龄化、收入结构分层化、就业形态多元化等深层次矛盾逐步凸显,社会保障制度面临着公平、可持续等压力,由此,社会保障受到的关注超过以往任何时期。

　　随着我国社会保障体系建设、发展的趋势日益清晰和凸显,社会保障发展更需要规范、扩大和完善体系化的社会保障专业教育,即需要培养更多具备专业社会保障理论、法律、资金管理等方面知识的人才。同时,在实践中,社会保障制度的改革、发展不断演变,新的理论和政策法规频频出台,都需要更符合时代背景和发展要求的社会保障教材快速更新以适应发展需要。

　　本书紧跟各国社会保障领域的新实践和社会保障理论研究的新进展,力图为读者提供思考现实与未来、问题探索与研究的参考,构建一个全面、深刻、实用的用于认识社会风险、了解社会保障制度体系和公共服务系统的框架体系,引导读者系统、理性地分析各种社会保障现象,提高读者分析问题的能力水平。教材构筑了较为完整的社会保障及相关知识体系,突出地强调了系统性、适应性、新颖性和融合性的特点。

　　本书以撰写者在社保领域的研究为基础博采众长,在写作过程中参阅了大量社会保障类教材、专著、论文,参考和吸收了国内外学者、同行的研究成果。在此,谨致以衷心的谢意。由于时间和精力所限,书中疏漏和不妥之处在所难免,敬请同仁与读者批评指正。

目 录

第一章 社会保障概述 …………………………………………… 1
  第一节 社会保障的内涵和特征 ………………………………… 1
  第二节 社会保障的原则与功能 ………………………………… 7
  第三节 社会保障的运行机制 …………………………………… 13

第二章 社会保障管理服务体系 ………………………………… 27
  第一节 社会保障管理服务机构 ………………………………… 27
  第二节 社会保障公共服务外包 ………………………………… 30

第三章 社会保障基金与管理 …………………………………… 33
  第一节 社会保障基金概述 ……………………………………… 34
  第二节 社会保障基金的收支管理 ……………………………… 36
  第三节 社会保障基金的投资运营 ……………………………… 38
  第四节 社会保障基金管理体制 ………………………………… 42

第四章 社会保障模式与体系 …………………………………… 45
  第一节 社会保障体系的内容 …………………………………… 45
  第二节 社会保障主要模式的特征分析 ………………………… 48
  第三节 社会保障模式发展趋势 ………………………………… 50

第五章 社会保障事业及发展 …………………………………… 55
  第一节 养老保险及发展 ………………………………………… 55
  第二节 医疗保险及发展 ………………………………………… 73
  第三节 失业保险及发展 ………………………………………… 99
  第四节 工伤保险及发展 ………………………………………… 109
  第五节 生育保险及发展 ………………………………………… 133

参考文献 …………………………………………………………… 144

第一章 社会保障概述

第一节　社会保障的内涵和特征

一、社会保障概念的界定

社会保障是一个历史的概念,由于各国经济发展水平、社会文化背景等的不同,因此,它在不同国家和不同地区具有不同的意义。即使在同一个国家和地区的不同时期对社会保障概念的理解和解释也不尽相同。

社会保障是国家或社会依法建立的,具有经济福利性的、社会化的国民生活保障系统。国家或社会通过立法和采取行政手段对国民收入进行再分配,以社会消费基金的形式,向由于年老、疾病、伤残、死亡、失业及其他不幸遭遇的发生而导致生存出现困难的社会成员给予的一定的物质上的帮助,以保证其基本生活权利的措施、制度和活动的总称。

社会保障是责任主体依据法律规定,通过国民收入再分配,对暂时或永久失去劳动能力以及由于各种原因而使生活发生困难的国民给予物质帮助,保障其基本生活的制度。

这一概念包括以下几个要点。

第一,社会保障的责任主体是国家。只有国家才有能力担当社会保障的重任。因为国家是对社会进行管理的最高权力体现,下属的行政机构对社会成员的基本生活实施保障,这是国家的职责。

第二,社会保障的实施依据是国家立法。社会保障必须以健全、完备的法律体系为支撑,以法律形式规范国家、企业和个人在社会保障中的权利与义务,规范社会保障的行政管理和基金管理等事务,使社会保障制度的运行制度化、规范化。

第三,社会保障的实施手段是对国民收入进行再分配。社会保障正是通过国民收入再分配的手段,从全社会筹集社会保障基金,对遭遇各种风险的社会成员提供基本生活保障,弥补市场分配的缺陷,以缩小贫富差距,实现公平。

第四,社会保障的对象是社会全体成员。完善的社会保障制度应该把全体社会成员纳入保障的范围。社会保障应该使所有社会成员都成为受益者,因为社会保障制度的存在是以风险的存在为前提的,而风险是社会上每个人都无法回避的。特别是由于失业、疾病、残疾、年迈等情况以及由于个人不可抗力而遭遇生活危机时,社会成员有权通过保障体系得到基本的生活保障。

第五,社会保障的目标是满足公民的基本生活需要。社会保障是现代国家的一种安全制度,应使社会的每个成员达到维持生存所需的生活标准。它在宏观上是以消除市场失灵所产生的社会不安定因素及其所产生的社会风险,保证社会经济的协调稳定运行和发展;在微观上是为全体社会成员的基本生活权利提供安全保护,以保障社会成员基本生活需求为目标,以确保社会成员不因遭遇风险或不可抗力的危机而陷入孤立无援的境地。

二、社会保障的性质

社会保障的性质主要包括以下几个方面:

一是保障性。社会保障的核心目的是保障劳动者的基本生活,确保社会稳定。

二是普遍性。社会保险旨在覆盖所有的社会劳动者,无论是否在职或是否有工作。

三是互助性。通过社会保险,参与者能够互相帮助,共同应对风险,满足紧急需求。

四是强制性。社会保障体系通常是由国家的法律规定的,要求用人单位和职工必须参与,并通过法律规定强制履行缴费义务。

五是福利性。社会保险作为一种政府行为,不是以营利为目的,而是提供一种社会福利性质的保障。

六是再分配性。社会保障可以被视为对国民收入的再分配,是劳动力再生产的组成部分。

七是社会属性。社会保障在不同社会制度下有不同的表现形式,反映了社会生产关系的性质。

八是劳动属性。社会保障中的一部分,如职工福利,属于必要劳动;而另一部分,如社会救济和社会优抚,则可能属于剩余劳动。

综上所述,社会保障是一个多维度的概念,涵盖了保障性、普遍性、互助性、强制性、福利性和再分配性等多个方面,同时也体现了社会的不同属性和劳动的多样性。

三、社会保障的特征

认清社会保障的本质特征,对于理解社会保障的概念具有重要的意义。总体来看,社会保障具有公共性、普惠性、互济性、二重性、刚性、共享性等本质特征。

(一)公共性

社会保障的公共性体现在社会保障产品中,不同的社会保障项目具有不同程度的公共性。社会保障产品的部分公共性主要表现在以下方面。

1. 非排他性与排他性兼有

就社会保障产品而言,社会福利和社会救助项目是具有非排他性的。如由社会提供的福利产品,由企业提供的集体福利或者由国家提供的各种救助和优抚安置等,在符合条件的社会成员中,人人都可以享有这些福利或救助产品。在社会保险领域,社会保险的各个险种虽然具有非排他性的一面,如并不排斥任何人参加社会保险,但是,如果人们不愿意事先缴纳社会保险税费,将会被排斥享有社会保险产品。

2. 非竞争性和竞争性同在

非竞争性是指在给定的公共产品产出水平下,增加一个人消费该产品不会引起产品成本的任何增加,即消费者人数增加引起的产品边际成本等于零。例如,社会福利设施中的学校、技能培训中心以及各种供人们休闲的娱乐、健身场所等,这些福利产品多一人少一人享有,基本不会引起产品成本的变化,因而具有非竞争性。但是,社会保障中的其他产品是具有竞争性的。例如,社会福利费和社会救助资金以及各种社会保险给付,额外增加一个人的领取,就要增加这类产品的支出与成本。可见,社会保障既有非竞争性的一面,也有竞争性的一面。

3. 非拒绝性与拒绝性并存

社会保障中的社会保险是依法举办的具有法治性和强制性的公共事业。凡在法律规定范围内的社会公民,不论是否愿意,都必须无条件地参加和按规定缴纳保险税(费),表现出典型的非拒绝性。但是,对于社会保障中的社会福利费、社会救助金的领取,以及企业(职业)年金、补充医疗保险和个人储蓄性养老保险,个人有充分的选择权利,可以选择参加,也可以拒绝参加。

总之,社会保障项目具有公共性,但其保障产品不完全是纯公共产品,而是一种准公共产品。因此,社会保障产品应允许、鼓励有条件的社区、经济团体和个人举办社会保障事业。在保障方式上,应鼓励社会、个人共同参与的多种保障模式。

(二)普惠性

社会保障的保障内容具有普惠性。社会保障的保障内容应该满足全体居民不同的社会保障需求,应该包括对生产的保障和对生活的保障两个方面。从社会发展历史来看,人们对生产即对物的保障是由商业性的财产保险完成的;对生活即对人的保障则是由商业性的人身保险、公共性的社会福利、社会救助和社会保险共同承担的。建立"大保障"概念并对其进行研究具有历史和现实意义。

社会保障的对象具有普惠性。社会保障是一种特殊的公共产品，具有部分非排他性、非竞争性和非拒绝性，因此，社会保障包含的社会救助和社会福利的对象几乎没有其他条件限制，只要是一国公民或长期居住者都有资格享受生活救助与社会福利的权益。

应该注意的是，社会保障对象的普惠性是由社会保障的根本目的决定的。社会保障的目的是保障全体社会成员生活稳定、社会秩序安定，这一目的决定了社会保障的对象必然是绝大多数，社会保障覆盖的范围也必然是普惠的。

（三）互济性

社会保障制度的形成与发展是人类生活发展进程中的伴生物，是人类文明发展的产物。追溯社会保障制度的历史，在长期的社会经济发展进程中，社会保障制度主要以社会救济的形式存在，并经历了各种形式，在社会中发挥了重要作用。现代社会保障制度从本质上讲，属于收入再分配范畴。

（四）二重性

社会保障的二重性表现在多个方面。

1. 保障目的的二重性

社会保障的一般目的有两个：一是通过促进就业和社会保障给付，使广大劳动者及其家属在任何情况下，能保持最基本的生活条件。同时，通过社会保障给付，人们能保持一定的购买力，这对于刺激消费、拉动内需、促进经济发展具有重大意义。二是通过社会保障功能的发挥，保证各项政策得到贯彻实施，维持社会安定，巩固社会秩序。

2. 保障产品的二重性

社会保障产品的属性具有二重性。作为非排他性、非竞争性和非拒绝性的一面，社会保障产品具有公共产品的性质；作为排他性、竞争性和拒绝性的一面，社会保障产品又具有准商品的性质。对于社会保障公共产品(如福利产品、救助优抚产品等),其享有权可采用通行的权利与义务不对等的普遍性原则,对于准商品性质的保障产品(如社会保险各险种、补充养老和医疗保险以及个人储蓄性的养老和医疗保险等),其享有权则应实行权利与义务基本对等的有选择性原则。

3.保障作用的二重性

社会保障是促进经济发展、社会和谐的重要协调与保障机制,是保障民生安全的"稳定器"和"减震阀"。社会保障功能的发挥,对于保障公民生活、稳定社会秩序、改善就业结构、刺激社会需求和支援国民经济建设等具有不可替代的积极作用。

4.保障基金来源的二重性

作为社会保障制度安排之一的社会保险基金是由劳动者和企业按规定所缴纳税(费)与国家资助建立起来的,主要包括养老保险基金、医疗保险基金、失业保险基金、再就业基金和福利与救助基金等,这基本上属于必要劳动的组成部分。可见,社会保险基金是一部分必要的生活资料或必要产品的扣除,基本上来源于劳动者的必要劳动。

(五)刚性

社会保障的范围及保障水平是由经济发展水平决定的。然而实践证明,社会保险水平对于经济水平的变化缺乏弹性,表现出较强的刚性。社会保障运动的规律与特点告诫人们在处理社会保障与经济发展的关系时,必须遵循局部利益与整体利益、近期利益与长远利益兼顾的原则。

(六)共享性

从一定意义上讲,社会保障的共享性是人人共享社会发展成果的完整体现。社会保障具有共享性,社会保障制度通过各个项目的实施,调节不同行业、部门、地区之间的收入分配差距,保障每个社会成员的基本生存条件与生存权利,实现社会发展成果人人共享。社会保障的共享性要求社会保障制度的保障对象、保障内容、保障标准适用于享有社会保障权益的每个社会成员,其根本目标是实现全体国民公平地享受相应的社会保障与福利,提高生活水平与生活质量。社会保障的共享性既是现代社会保障制度的重要属性,也是现代化发展对人类文明社会提出的客观要求,更是社会公平正义等基本价值取向的重要实践。

第二节　社会保障的原则与功能

一、社会保障的原则

(一)机会均等、平等分配的原则

所谓机会均等,就是每个社会成员在生活发生困难时,都可以均等地获得社会保障的机会和权利,社会成员在社会保障面前人人平等,将普遍地、无一例外地获得生存的权利。所谓平等分配,就是根据部分社会成员生活上发生困难的程度和实际的基本生存需要,平等分配个人消费品。这种分配依据实际的基本需要,因而对于社会成员来说,机会基本上是平等的。这种平等体现为机会均等,体现为在基本生存需要面前人人平等。社会保障由于贯彻了机会均等、平等分配的原则,从而成为有效的社会调节和社会稳定的机制。

(二)与生产发展水平相适应,建立适度保障的原则

社会保障作为消费品的一种分配形式,取决于生产力的发展水平。因此,社会保障必须与生产力的发展水平相适应,保持适当的水平。这对于经济和社会保障的协调发展都是至关重要的。

适度的社会保障,可以从以下三方面加以衡量:一是社会保障的水平要适度,要与生产力的发展水平及经济的发展速度相适应。二是社会保障的投入在 GDP 所占的比重要适当。三是企业和单位的社会保险、福利支出与工资的比例关系要相适应。保险福利的增长要慢于工资的增长速度,保险福利在个人消费基金中所占的比重不能过大。

(三)贯彻公平与效率相统一的原则

公平与效率是对立统一的关系,社会保障本身追求的目标应该是实现公平分配、缓和社会不公平、创造并维护社会公平,但它同时也是一种保证和促进生产力发展的辅助机制。完善的社会保障体系可以保证劳动

者的身体健康和劳动力再生产的顺利进行,可以减轻劳动者的负担,解除职工的后顾之忧,有利于社会的安定团结,有利于调动劳动者的积极性,从而促进经济的发展和效率的提高。

因此,在社会保障体系的建设过程中,要处理好公平与效率的关系。一方面,社会保障要追求保障范围、保障待遇和保障过程的公平性;另一方面,社会保障的公平性需要以社会产品按生产要素分配为基础,并且社会保障本身也要讲求效率。

(四)社会保障子系统和项目发展协调性原则

完备的社会保障体系必须实现协调发展。它包括三点:一是社会保障各个子系统与各个项目之间的发展水平应相互协调。二是社会保障各个子系统与各个项目在分工负责的同时,还具有功能上的互补性。如失业保险与失业救助分属于两个不同的子系统,其水平有高低之别,但都是对失业者负责,二者的有机结合与协调发展将有助于为劳动者的失业风险提供全面保障。三是必须实行各社会保障项目与各子系统之间的协调发展,需要建立相应的医疗保障项目。总之,社会保障项目之间、各子系统之间既是分工负责的、又是互相联系的,完整的社会保障体系应当保证整个体系能够在水平、功能等方面实现协调发展。

(五)社会保障体系建设完整性原则

从现代社会的需要出发,只有完整的社会保障体系,才能真正全面解决各种需要国家和社会运用经济援助的手段来解决的现实社会问题。保障项目应当齐全化,保障内容应当完整化,若干个性质相近的社会保障项目构成一个完整的社会保障子系统,若干个社会保障子系统共同构成一个完整的社会保障体系。

二、社会保障的功能

社会保障具有一定的经济功能,它可以在一定程度上促进经济发展;此外,社会保障还具有一定的社会功能,起到社会稳定器的作用。

(一)社会保障的经济功能

社会保障不是人为的产物,它是随着生产力发展、商品经济增长而产生和发展起来的。并且,社会保障的形式、范围、内容和水平取决于一定的经济增长水平。不过,从社会保障事业发展的全过程来看,在社会保障同经济水平的关系中,社会保障并不完全处于一种受制约的被动地位。恰恰相反,社会保障可以反作用于经济增长,它对经济增长具有双重作用,既能促进经济增长,又能阻碍经济增长。其根本原因是社会保障作为一种社会经济行为,成为国民经济的重要组成部分和社会市场经济的基本要素。因此,它的发展变化必然直接或间接地影响生产发展。下面从正面和反面两个方面来分析。

1. 社会保障能稳定社会经济秩序

社会保障对那些由于各种原因导致生活困难的人们进行保险保障,使他们能够保持最基本的生活条件,这实际上免除了人们对生活无着落的后顾之忧,起到了固国、安民、促发展的作用。

2. 社会保障有利于改善就业结构,提高劳动者的劳动技能,稳定就业

实施社会保障制度的国家,几乎都将包括职业培训、在职教育在内的再就业工程纳入社会保障范围。劳动者除了享受失业保险待遇以外,还能以各种方式进入社会保障就业机构接受劳动技能培训与教育。

3. 社会保障有利于减少国民的生命和财产损失,有利于逐步消除贫困现象

社会保障加强了城乡低保与扶贫开发、农村危旧房改造、教育救助、医疗救助、司法援助、再就业扶持等救助帮扶政策和困难家庭用水、用电、取暖、交通、通信等各种优惠政策的衔接,以城乡低保、农村五保为基础,专项救助为支撑,临时救助为辅助,覆盖城乡、项目多样、功能整合的社会救助制度框架基本形成。

4. 社会保障能通过社会财富再分配,刺激社会需求

通过社会保障的形式,将社会财富的一部分转移到广大低收入者手中,低收入者随着收入增加,就会相应扩大需求,增加消费,从而提高全社会的总体需求水平,进而推动生产资料和消费资料的生产,保证社会生产稳定增长。

5.社会保障能为国家积聚发展资金,有利于完善资本市场

社会保险基金的运用,使其投资者成为资本市场的稳定力量和竞争对手,必定打破资本市场保持的原有平衡,给资本市场增添新的竞争活力。这不仅能增加经济增长所必需的资本投入,增大长期资本投入的比例,而且有助于投资者实行稳健的投资策略,适时调整投资结构,加强和改善投资管理,提高投资质量和效益。

(二)社会保障的社会功能

市场经济运行实质上是市场机制对资源配置起基础性作用的过程,而这种配置又主要靠市场竞争来实现。市场机制要求参与竞争的主体有均等的竞争机会,资源配置的初始状态及各经济要素的禀赋不同,造成其结果的非均等性。

社会保障是社会安定的重要保证。要以社会保险、社会救助、社会福利为基础,以基本养老、基本医疗、最低生活保障制度为重点,以慈善事业、商业保险为补充,加快完善社会保障体系。社会保障是保障人民生活、调节社会分配的一项基本制度,要坚持全覆盖、保基本、多层次、可持续方针,以增强公平性、适应流动性、保证可持续性为重点,全面建成覆盖城乡居民的社会保障体系,实现以人为本,全面协调可持续的科学发展。要加强社会保障体系建设,全面建成覆盖全民、城乡统筹、权责清晰、保障适度、可持续的多层次社会保障体系。

(三)社会保障的分配功能

社会保障的分配功能是指社会保障可以改变国民收入格局,从而保证社会成员的基本生活需要或进一步提高国民的生活质量。

社会保障直接调节着国民收入的分配与再分配。社会保障基金来源于国民收入的分配和再分配,体现了社会保障的分配属性。它通过社会保障资金的征集与社会保障待遇的给付,在不同的受保对象之间横向调节着收入分配,同时还在代际实现着收入分配的纵向调节。社会保障基金的筹集一般是通过税收或"转移性支付"给予保证。一般而言,社会保障作为一个完整的体系,由社会保险、社会救助、社会福利、社会优抚四部分构成,这四部分都具有一定的分配功能。

1.社会保险的分配功能

第一,社会保险会改变企业与劳动者之间的收入分配格局,这是因为参加社会保险的企业必须按企业职工工资总额的一定比例支付社会保险费,而由职工享受社会保险待遇。

第二,社会保险会改变劳动者之间的分配关系。这是因为参加社会保险的劳动者都要按工资额的一定比例缴纳社会保险费,但由于风险分布不均,劳动者个人得到的保险金给付与缴纳的保险费并不一致。

第三,社会保险会改变企业之间的收入分配格局。同样由于风险分布不均,企业职工得到的保险金与企业的缴费并不完全对应。

第四,如果在全国范围内建立了统一的社会保险体系,社会保险将改变地区之间的收入分配关系。

第五,国家通过筹集社会保险费或征收社会保险税的形式建立社会保险基金,最终要为劳动者提供保险服务,对劳动者而言是改变了国民收入在时间上的分配格局。

2.其他保障项目的分配功能

社会救助、社会福利和社会优抚主要是从横向角度实现国民收入再分配。由于税收的课征要依据个人的支付能力,纳税能力强者多纳税,纳税能力弱者少纳税,无纳税能力者不纳税。而社会救助和社会优抚的对象一般是无纳税能力或纳税能力弱的社会成员。因此,社会救助和社会优抚这两个项目的资金筹集和支付的安排过程中必然改变国民收入分配格局。虽然社会福利的对象是全体社会成员,但老年福利、儿童福利、残疾人福利等福利项目仍具有改变国民收入分配格局的功能。

(四)社会保障的稳定功能

1.对社会的稳定功能

任何时代社会经济的发展进步都离不开稳定的社会秩序和社会环境,而各种特殊事件的存在,又往往给社会成员造成群体性的生存危机。社会保障则通过以下几个方面,缓解了市场经济带给社会的危机,有效地促进了社会的和谐发展。

第一，社会保障的稳定作用。社会保障制度主要是要面对社会成员的生、老、病、死等问题，使社会成员幼有所护，老有所养，病有所医，帮助贫困者解决生活之窘境，使失业者生活得以安排或重新就业等。通过对暂时或永久丧失劳动能力者的物质帮助和服务，对生活在贫困线之下的贫困者给予救济或补贴，为社会经济发展创造一个稳定的社会环境。

第二，社会保障通过国民收入的分配和再分配，统一筹集社会保障基金，分配给不能维持基本生活的贫困者，使他们有稳定的基本生活来源。这种调节在一定程度上有利于缩小社会收入差距，对于调节社会经济关系起到了积极的作用。

2.对经济的稳定功能

社会保障可以促进经济的稳定增长。作为经济的自动稳定器，社会保障行政管理部门可以根据市场需求和供给的关系，来控制社会保障的支付水平。如果总需求大于总供给，当局可以有意识地提高社会保障费的征收标准，从而加大收入再分配力度，抑制企业和个人需求；同时严格确定给付条件，适当控制支付标准，减少国民通过社会保障渠道所获取的收入，进而抑制总需求。

（五）社会保障对基本生活的保障功能

保障公民的基本生活是社会稳定和经济发展的前提，也是社会保障的核心功能之一。国家建立社会保障体系，保障社会成员的基本生活，免除劳动者的后顾之忧，不仅是经济发展和社会稳定的需要，也是人权保障的重要内容。

（六）社会保障促进经济发展的功能

社会保障制度在参与国民收入分配的过程中，必然对经济运行产生影响。社会保障基金的积累为经济发展储备了巨大的后备资金，通过对社会保障基金的运用，可以为国家信贷工作提供强有力的资金支持，对于平衡信贷总量起到积极的作用。

第三节　社会保障的运行机制

作为社会政策工程,社会保障的运行过程客观上包括项目设置、资金筹集、基金管理、待遇支付等诸环节,每一环节均需要以法律法规、政策的规范作为操作依据,并在政府的管理或监控下采用相应的措施或手段,面向符合条件的全体社会成员实施。运行过程是否合理,实施措施或手段是否有效均直接影响着社会保障制度的发展。社会保障是独成体系的社会政策工程,又是具有自己独特特色的系统工程,它在发展进程中与其他系统协调发展、共同发展并起到独特作用的系统。

一、社会保障的运行与实施

(一)社会保障运行机制的一般理论

考虑到社会保障法制、管理、实施与监控都是社会保障宏观运行机制中的重要环节,阐述社会保障运行机制的一般理论需要将上述内容视为一个整体。

1. 社会保障运行机制的公理

作为系统工程,社会保障的宏观运行机制应当符合下列公理。

(1)整体性公理

整体性公理是指社会保障运行的诸环节、诸要素及所采用的手段与方法必须是一个有机的整体,它也由多个要素或系统组成,但各要素或系统仅仅作为整体的一个特定部分而存在并在整体系统中才能发挥出应有的作用。

(2)层次性公理

层次性公理是指社会保障的运行具有多层次性,如从法律规范到具体实施,每一层次都有其特定的任务和运行范围。

(3)稳定性公理

稳定性公理是指社会保障运行机制应当具有结构稳定性,运行过程中相关要素的组合及其相互作用的形式和相互联系的规则是既定且不可紊乱的。如社会保障制度在实施过程中,必须实现区域服务定点稳定、实施内容稳定和服务对象稳定。

2.社会保障运行机制的目标与宏观结构

(1)社会保障运行机制的目标

从社会保障制度可持续发展的角度出发,社会保障宏观运行机制的构建目标应当是科学、合理、高效与协调。具体而言,这一目标又包括了以下四个子目标。

①社会保障运行机制必须科学、合理。一方面,在构建社会保障运行机制时,应当使运行机制中的各系统、各层级的构架既能够满足社会保障正常运行的需要,又能够实现相互制衡、相互推进的目标;另一方面,运行机制的构建必须实现对传统运行机制的创新,即能够适应社会保障制度持续发展的内在要求。换言之,必须促进社会保障运行机制走向科学化、合理化。

②社会保障运行机制必须实现一体化。社会保障运行机制应当坚持立法、管理与实施等相互分离又相互制约的原则,并在分离与制约的同时实现运行机制一体化,即运行机制中的各系统能够共同构成为一个紧密相关、协调运转的大系统。在这个大系统中,各系统具有相对独立性,但这种独立性只分工负责、明确职责的需要,它们的目标完全一致,在运行中是一个不可分割的整体。

③社会保障运行机制必须高效、经济、灵敏。一是社会保障的运行机制必须追求高效率,即能够做到法制规范具体,实施环节简单,实施效果良好;二是社会保障的运行机制必须符合经济原则,尽可能地做到维护社会保障基金的安全并实现保值增值;三是整个运行机制应当反应灵敏,能够对运行中的非正常状态迅速做出反应。

④社会保障运行机制应当做到与社会经济大系统协调运转。社会保障系统虽然是一个相对独立的、有自己特色的大系统,但是从更大的宏观角度来说,它是处在社会这个更大的系统之中的,社会保障不可避免地与

社会经济发生联系,随着整个社会经济的发展变化而变化,这就决定了社会保障运行机制必须与整个社会经济的运行和发展相协调、相适应。

(2)社会保障运行机制的宏观结构

根据构建社会保障运行机制的总体目标,社会保障运行机制由四个相互协调的系统组成,其中,法治系统是实施社会保障的客观依据,管理系统是实施社会保障的责任主体,实施系统是实施社会保障的执行主体,监督系统是实施社会保障的基本保证。

社会保障运行机制的宏观构架有着如下特色。

①分层负责。它客观上可分为以下三个层次:第一层次或最高层次是法治系统,它是社会保障运行过程中的管理系统、实施系统和监督系统的共同依据,是规范性层次。第二层次是管理系统和监督系统,其中,前者依照法律的规定在自己的职责范围内对各种社会保障实施机构及其实施内容履行管理职责,同时接受监督系统的监督;后者依据法律的规定履行对社会保障管理系统与实施系统的监督职责,其中,重点是对实施系统的监督。这一层次合一概括为管理与监督层次。第三层次是社会保障的实施系统,它依据法律规定具体组织实施各种社会保障事务,同时接受管理系统的管理与监督系统的监督,从而是具体实施层次。上述三个层次分工不同,但目标一致,它们共同推进社会保障项目的实施。

②系统运行。在社会保障宏观运行机制中,法治系统、管理系统、实施系统和监督系统共同构成一个有机结合的整体。

③双向制约。合理的社会保障运行机制,四个系统之间存在着双向的或相互的制约性,如法治系统对其他三个系统均起着规范与制约作用,其他系统的运行必须遵循法治系统的规范,但其他系统在运行中可以推动法治系统的修订与完善;管理系统行使对实施系统的管理职权,但又必须接受法治系统的约束和监督系统的监督;实施系统依法实施各种具体的社会保障事务,却需要同时接受管理系统、监督系统的管理与监督;监督系统接受法治系统的约束,可以行使对管理、实施系统的监督权。

（二）实施系统

社会保障项目的实施是整个社会保障制度运行过程的核心环节，这一环节既要接受社会保障法规制度的约束，又直接面向各社会保障项目覆盖范围内的全体社会成员，还需要接受各方的监督。因此，构建高效、合理的社会保障实施系统往往是社会保障制度能够最终获得预期效果的关键。

1.构建原则

（1）统放有度

在社会保障体系中，有些社会保障项目必须统一实施才能确保其实施效果，而另一些不需统一实施也能实现其保障效果的项目，则可以在法律法规与政策的原则规范下放开实施。如在社会保险制度中，养老保险、失业保险等不仅需要强制统一实施，而且需要实现全国统一化，医疗保险则可以放开由地方负责实施并在医疗服务环节上让医疗机构相互竞争；制度安排中的社会救助事务必须由官方或公营机构统一实施，而非制度安排的社会救助事务却应当完全放手由各社团机构或慈善组织按照自主、自治的原则来实施。

（2）追求效率

社会保障以创造和维护社会公平为基本宗旨，但在实施过程中同样需要特别关注效率。因此，社会保障实施系统的构建，必须充分考虑运行成本的大小和运行效率的高低。以较低的运行成本争取尽可能高的运行效率，应当成为构建社会保障实施系统的基本原则和评价其良性与否的重要指标。

2.实施机构

作为社会保障项目的具体执行者，社会保障实施机构依照社会保障法律制度和相关社会政策的规范，承担着经办各种社会保障事务的职责。

（三）项目实施

社会保障项目的实施是最终落实社会保障政策和实现国民社会保障

权益的环节。对国民而言,享受社会保障权益的直接表现就是在社会保障项目实施过程中能够获得法律法规与政策规定的社会保障待遇,因此,特别强调项目在实施过程中规范操作、有序运行和公开化。

1. 实施社会保障项目需要具备的基本条件

实施社会保障项目需要具备的基本条件包括以下内容。

(1)完备的法治规范

在项目实施过程中,社会保障实施机构扮演的应当且只能是社会保障法律制度执行者的角色,从而要求有完备的法律制度作为可供操作的具体依据。

(2)合理的管理体制

实施机构实施社会保障项目虽然以相关法律制度为依据,但实践中却往往表现为根据管理系统的具体要求运行,合理的管理体制可以有效地提升实施系统的效率。

(3)监督条件

监督条件即需要有独立的监督系统来促使实习机构正常运行,并纠正其偏差与失误。

(4)垄断经办

社会保障属于公共领域,绝大多数社会保障项目要求垄断经办,以保障待遇提供者与受益对象之间的关系长期稳定化、公开化。

2. 实施社会保障项目的基本程序

按程序办事是实施社会保障项目的基本要求,而程序公正又是其基础。因此,任何社会保障项目的实施,均需要由管理者事先制定出规范的程序,实施机构必须不折不扣地按程序操作。不过,不同社会保障项目的实施程序是有区别的。

(1)公营机构实施社会保障项目的程序

公营机构实施社会保险项目的实施,一般包括如下程序:

一是检查规定范围内的单位与劳动者是否已全部参加了社会保险;二是征收并检查用人单位和劳动者个人应当缴纳的社会保险费;三是记

录并保存参保单位和受保劳动者的有关情况,作为支付相应社会保险待遇的依据;四是审核受保者对社会保险待遇提出的申请;五是根据规定的条件和确定的标准,支付相应的社会保险待遇,或委托社会机构如银行等发放。

(2)民营机构实施社会保障项目的程序

民营机构实施社会保障项目的程序则包括四点:一是筹集可供开展社会保障项目的资金,二是接受并审查有需要者的申请,三是在调查核实的基础上确定受助对象,四是提供服务援助或款物援助。

3.实施社会保障项目的手段

实施手段的科学与否直接决定着社会保障实施系统的效率。除强制实施手段外,尤其需要注重吸收现代科技成果,如运用电子计算机管理社会保障资料,尤其是受益对象资料,实行社会保障号码制,建立灵敏的信息反馈系统等,均已成为必要的手段。即使在项目实施过程的某些具体环节,亦应尽可能地采取方便居民的服务手段,如银行在发放养老金时设置自动取款机等。

二、社会保障的监控机制

(一)建立监控机制的必要性

各国的社会保障制度发展进程也表明,建立健全的监控机制会促进社会保障的良性发展。因此,社会保障宏观关系的正确处理,社会保障制度的良性运行均需要建立相应的监督机制。

1.社会成员的社会保障权益维护的需要

社会保障的法定制度是社会成员享有的法定权益。对此,就需要有权威的、健全的社会保障监督机制,并通过其监督、纠察,使社会成员的合法权益得到维护。

2.社会保障运行中潜伏的危机防范的需要

一般而言,社会保障的发展受到多种因素的制约,因此,从宏观或长远的角度出发,社会保障的运行需要有专业化的预警监督机制,这是社会保障制度发展的内在要求。

(二)监控机制的运行原则

建立社会保障监控机制的目的是确保社会保障制度实现良性运行与可持续发展。社会保障监控机构的健全将促使整个社会保障制度得到健康、正常地发展。因此,社会保障监控机制的运行应当以下列原则为运行准则。

1.依法运行

监控机制的建立是通过定期或不定期的检查来行使监控职责,这种职责的设定通常由社会保障法律制度或其他相关法律制度规范,即社会保障监督机构承担什么样的职责是由法律制度决定的。因此,在监控系统的运行中,必须依法行使职权。

2.运行有序,行为规范

运行有序、行为规范是社会保障监控机制运行正常化的基本前提条件。具体包括四点:一是社会保障监控机构需要按照一定的程序办事;二是不同的社会保障监控机构在行使监控权的同时,需要严格按照各自的职责规范运行;三是在发现社会保障管理或实施中的问题时,需要严格按照规范的手段进行监察和纠正;四是与社会保障管理系统、实施系统配合协调。

3.多重化与权威化

由于社会保障内容庞杂、涉及面极广,从国内外的社会保障制度发展实践来看,任何国家都不可能由一个机构来行使监控职责,因此,构建多重化的监督机制是社会保障制度的内在要求;同时,对社会保障制度的运行进行监控的目标是保证社会保障制度的运行正常、预警危机,这就需要监控机构具有权威性。多重化是促使社会保障监控机制结构严密的需要,权威化则是促使社会保障监控机制行为有效化的需要。

4.日常监控与预警监控相结合

监控机构通常将自己的职责界定为具体事务的日常监督,这使其重要性打了很大的折扣。如人口老龄化带来的养老保险金支付高峰、失业

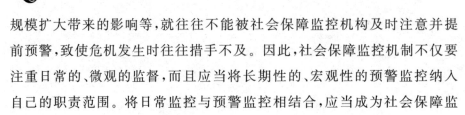

规模扩大带来的影响等,就往往不能被社会保障监控机构及时注意并提前预警,致使危机发生时往往措手不及。因此,社会保障监控机制不仅要注重日常的、微观的监督,而且应当将长期性的、宏观性的预警监控纳入自己的职责范围。将日常监控与预警监控相结合,应当成为社会保障监控机制运行的一项新的准则。

(三)监督机构

对社会保障运行的监控是通过具有监督权力的监督系统来实施的,它一般包括行政监督系统、专门监督系统、司法监督系统和社会监督系统,各系统均根据法律赋予的特定职责行使不同的监控权力,并严格按照自己的职责分工分别运行。

1.行政监督系统

行政监督系统是指有关职能部门根据其管理职能,代表国家对社会保障制度的运行进行监督。在实践中,行政监督系统通常以日常监督方式为主,即将监督社会保障事务纳入自己的本职工作范畴,并按照本部门的工作程序、工作手段行使监督权。行政监督系统实际上包括社会保障主管部门的工作程序、工作手段行使监督权。在我国,行政监督系统的监督机构包括以下几个方面。

(1)人力资源和社会保障厅的监控

人力资源和社会保障厅作为我国社会保险事务的主管部门,它主要依据劳动法、社会保险法及配套法规,并通过内部设置的基金监察机构等行使自己的监控权力。其监控的内容包括用人单位是否依法缴纳社会保险费,社会保险机构的运行是否正常,社会保险基金是否安全,社会保险机构有无损害企业或劳动者的正当权益等。

(2)民政部门的监控

民政部门是我国社会福利事务、社会救助事务等的主管部门,它主要依据国家有关社会福利、社会救济等方面的法律法规,对上述保障项目的实施行使监控权。它监控的内容主要是上述保障事务的财政拨款、待遇发放等是否符合法治与政策规定,民营公益事业团体与慈善团体的运行是否规范等。

（3）财政部门的监控

财政部门是综合管理部门，它不仅承担着向社会保障机构拨款的直接责任，而且主管着全国的财务会计工作。因此，除做好自身的社会保障财务管理工作外，还应当对各社会保障管理机构、实施机构行使财务监督权。监督的内容主要包括社会保障收支的年度预算执行情况，中、长期计划实行情况，财政性社会保障基金的使用情况，社会保险基金的使用情况，民营保障事业基金的使用情况。财政部门主要是通过对社会保险基金财政专户的监督和对社会保障机构财务会计报表的审核及平时审查来行使监督权。

（4）审计部门的监控

审计部门是财经法纪的维护者，它仅仅是依法行使审计监督的权力，这使其更加具有超脱性。审计监督的内容主要是社会保障机构是否遵守了社会保障法律制度，其职责是使国家、企业、社会成员个人的利益都能够得到公正的维护。

2. 司法监督系统

行政监督与专门监督能够纠正社会保障运行过程中的失误。因此，不论是独立的社会保障司法系统，还是国家设立的总和的司法系统，都承担着对社会保障制度运行的特殊监督职责。国家在不断完善社会保障法律制度建设的条件下，应当强化司法系统对社会保障运行的司法监督。

3. 社会监督系统

社会监督系统是指社会保障监督系统之外的非官方的、非专门的其他方面的监督，它符合普通民众的需求与意愿，属于群众性、社会性、非强制性监督系统。社会保障制度的运行需要社会监督，因此，重视社会监督系统的建设，充分发挥其作用，同样是促进社会保障制度正常运行和健康发展的保证。在社会监督方面，主要的有三个方面：一是工会组织监督。工会作为职工利益的代表，通常自觉监督各种社会保障制度的实施，以现行的社会保障法律制度为依据，以维护职工利益为最高宗旨；而社会保障系统需要高度重视工会的监督作用,并主动接受工会组织的监督,以便不断改进工作。二是企业团体监督。企业团体组织不仅可以通过派代表参加专门的监督系统并发挥其应有的作用,而且可以将监督社会保障制度的运行纳入自己的工作范围。三是社会舆论监督。包括电视、报刊、广播等各种大众化的社会传媒,都可以通过自身的优势来监督社会保障制度的运行,都能够起到维护社会保障制度正常运行的作用。

三、社会保障的预警防范

社会保障是以经济手段来解决各种特定的社会问题,财务风险大,一旦危机发生,必然波及整个社会。社会保障制度在发展中因刚性增长等因素的增长而潜伏着危机,这种危机往往随着社会经济的发展而发展,从而迫切需要加强对社会保障问题的预警性或预防性监督。因此,必须构建科学、灵敏的社会保障预警系统。

(一)预警系统的运行

社会保障预警系统的结构从广泛收集社会保障运行情况及与之密切相关的资料开始,经过综合性地总结分析,得出相应的结论。对社会保障运行进行预警监督的意义在于能够通过有关现实资料的总结分析,及时发现并预测其可能出现的危机,以便国家能够及时采取有效的预防措施。因此,预警监督作为社会保障监控机制的重要组成部分,是对社会保障制度运行进行中的中、长期宏观监控。

(二)指标的设置

与社会保障日常监督不同的是,社会保障预警监督是通过量化资料的分析及其结论来发挥作用的。因此,如何保证监测指标的科学与合理是完成对社会保障制度运行中、长期监控任务的关键。从社会保障制度在国内外的发展实践来看,能够影响社会保障制度运行的重要因素不仅包括社会保障自身指标,也包括与社会保障收支状况密切相关的社会、经济发展指标,如国内生产总值、人口老龄化指标、失业率指标等,其中最重要的是预警指标,包括社会保障水平、财政支出比、养老保险金支出等。

1.社会保障水平

该指标是指一个国家或地区用于社会保障方面的总支出占其国内生产总值的比重。因此,社会保障制度应当将追求总体的社会保障水平适度化确定为发展目标。采用社会保障水平指标,在近期是为了衡量社会保障的发达程度;在长期则是起预警作用,即在现有的保障水平发展情况下,经过若干年以后将是什么样的水平,会对社会经济及社会保障制度自身产生什么影响。需要强调的是,科学设计并尽快完善社会保障统计指标体系,这是使用社会保障水平指标并用于评价社会保障发展问题的重要前提。

2.国家财政支出比

一般而言,国家财政收入用于社会保障方面的支出应当有度。这个"度"如果适度,必定会取得社会保障与经济发展相得益彰的效果,国家财政中的社会保障支出比受两个因素的影响:一是该国是否将社会保险收支纳入国家财政范畴,二是是否以政府为完全责任主体。

3.养老保险支出指标

养老保险支出指标是社会保障预警指标体系中最重要的指标之一。在这方面,必须充分考虑人口老龄化趋势、人均预期寿命、物价发展水平等多项因素,它们是直接导致养老保险基金增长的基本构成要素。养老保险的预警指标主要应当包括三个方面。

(1)养老保险费征缴比

该指标指实际征缴的养老保险费占一个国家或地区或行业的职工工资总额的比率,它反映着劳动者代际之间的养老负担转移情况。在国际上,公认的养老保险费征缴比警戒线是24%,极限为29%。

(2)养老保险基金收支比

养老保险基金收支比即养老保险基金支出与收入之比。当该指标小于1时,基金会有结余;但该指标大于1时,则会出现基金亏空。养老保险是积累性保障项目,由于费率的确定是根据当时的情况作出的,且需要保持一段时间的稳定,所征收的保险费是否能够满足覆盖范围内全体人员的支出需求,在事先往往是无法完全肯定的,因为年龄结构、社会经济发展水平方面的因素等,均可以影响到养老保险基金的收支平衡。因此,无论是从整体,还是从个体角度出发,养老保险基金收支年度平衡均非追求目标,即在一个发展周期内,实现养老保险基金收支的平衡。

(3)养老保险金保值率与通货膨胀率

根据物价水平和经济发展程度不断提高养老金的支付标准是各国养老保险发展的共同规律。当养老保险基金运营收益率等于通货膨胀率时,意味着基金仅实现了保值;当养老保险基金运营收益率低于通货膨胀率时,则意味着基金在贬值。因此,养老保险基金保值率的警戒线即收益率等于通货膨胀率。

(三)资料与信息的发布

要准确评价社会保障的发展水平是否适度,社会保障运行是否正常,并对其进行预警,必须以准确、完整的统计资料为依据。

1. 预警资料的获取

从资料的来源渠道看,官方资料通常被视为可靠资料,如综合国情国力(如主要的经济、社会发展指标等)资料来源于官方统计部门,人口与劳动力资源资料来源于人口主管部门与劳动主管部门等。同时,还需要进行地区调查和行业调查,以获取更为详细的资料,并用典型的个案分析作为宏观分析的基础。因此,承担社会保障预警职责的机构需要与社会保障管理机构及实施机构保持密切联系,并在实践中以相关部门的宏观统计资料为主要依据,以地区或行业调查或抽样调查为辅助依据。

2. 信息及其发布

预警资料的准确与否直接决定着预警信息的准确与否。因此,必须先确定规范的社会保障统计指标体系,并保持与其他相关指标体系的协调性。在现有资料的基础上,结合社会经济等方面的发展趋势,并参照国际上的经验,即能够从宏观上实现对社会保障发展作出较为准确的中、长期估价。从管理角度出发,对社会保障预警信息适宜归口管理原则,因为预警的目的是提醒社会保障部门(包括管理部门与实施机构),督促国家采取有效的防范措施,从而宜由统计监测机构和省级以上的社会保障顾问或咨询机构来承担预警信息发布的职责。

四、社会保障的机制调整

社会保障领域的危机主要表现为财务危机,对于区域性或行业性危机,往往采取局部措施可以使危机得到缓解;对于重大的、涉及全局性的危机,则通常需要采取重大的、有力的政策措施,才能使危机得以控制并最终消失。从经验和需要出发,国家处理社会保障危机的政策取向,不外乎是合理调整不同阶层的利益格局,并通过对已有的社会、经济政策作适度调整等措施加以缓和化解。

(一)社会政策的调整

社会保障属于社会政策范畴,从而直接受社会政策制约。因此,在防控社会保障危机时,重视相关社会政策的制定与调整,将是必要且极为重要的途径。在这方面,下列政策的制定与调整将对社会保障制度发展起直接作用。

1.审慎处理效率与公平的关系

市场经济机制天然追求效率,而社会保障天然地追求社会公平。因此,处理二者的关系时,必须从所处的社会经济发展阶段与具体情况出发。

2.审慎确定劳动者的退休年龄

人的寿命在不断延长,中国人口人均预期寿命已达到71岁。这是社会发展的必然结果,同时也是需要社会保障付出更多代价的重要致因,如养老保险金支出会更多,医疗代价会更大等。在人均预期寿命延长的条件下,退休年龄的确定直接影响到养老基金的收支规模,退休年龄愈高,则劳动者缴纳养老保险费的年限愈长,养老保险基金积累就愈多,需要社会保险机构支付的养老金则会相对减少。

3.控制失业率

由于劳动者失业不仅会直接导致失业保险金支出规模的扩大,同时也使其养老保险费的缴纳减少,因此,失业率对于社会保障制度而言,是一个重要的指标。国家应当将失业率适度化既作为一项经济政策追求，同时也作为一种社会政策来控制。

4.审慎确定社会保障的覆盖范围

由于社会保障具有刚性增长的特性，项目的增设和覆盖范围的扩大都应该是逐步的，否则便可能造成基金支出的快速膨胀。因此，审慎设置社会保障项目，逐步扩大适用范围，应当纳入防范社会保障财政危机的调整范畴。

（二）财务政策的调整

要防止、控制或消除社会保障的潜在危机，还必须采取相应的经济措施。在这方面，详细的经验主要有以下几个方面。

1.促进经济持续发展，实现充分就业

国民经济增长每减缓一个百分点，便意味着社会保障基金的来源必定会相应减少，而社会保障的待遇却不可能立即削减甚至根本不可能削减；失业率每增加一个百分点，便意味着社会保障基金不仅丧失了1%的劳动者的缴费，而且必须为每一个新增的失业者提供失业保险金等。因此，促进国民经济的持续、稳定发展，实现劳动者充分就业，不仅是国家经济发展的根本目标，也应当同时成为防控乃至避免社会保障财政危机的首要对策。

2.控制社会保障运行成本，防止基金流失

在这方面，一是应当控制管理成本，国际上的社会保障管理成本一般按基金金额的2%掌握，这就需要不断提高工作效率；二是保证各项社会保障基金的安全。

3.开辟社会保险基金运营渠道

社会保险基金（主要是养老保险基金）积累必须通过适当的投资运营才能实现保值与增值。在这方面，应当以积累基金的收益率是否高于通货膨胀率为基本评价标准。因此，允许社会保险基金进入金融市场投资运营应当成为预防社会保障财政危机必要且重要的财务措施。

社会保障管理服务体系

第二章

第一节　社会保障管理服务机构

社会保障管理机构是指负责社会保障法令的贯彻、监督和审查，维持社会保障制度正常运行而设立的权力和办事机构。社会保障管理体制的核心部分是社会保障管理机构。

一、社会保障管理服务机构类型分析

社会保障管理机构的组成，根据不同的划分标准，可以划分为不同的类型。

（一）按照管理职责和业务范围划分

1. 行政主管机构

行政主管机构即管理社会保障事务的相关部门，负责全国社会保障政策的决策和协调管理，其主要职责是社会保障立法、监督检查、贯彻实施。

2. 业务经办机构

业务经办机构是既隶属于又相对独立于各级社会保障行政主管机构的一种公共事业部门，主要职责是社会保障参加者（受保人）的资格审定、登记、社会保障基金的收缴，社会保障基金的日常财务和个人账户管理，社会保障待遇的计算、发放以及对投保人提供各种社会化服务。

3. 基金运营机构

基金运营机构是既隶属于又相对独立于各级社会保障行政主管机构的具有企业法人地位的金融部门,主要职责是进行社会保障基金的投资、运营,实现基金的保值增值。从行政层次上看,它和业务经办机构应属同一层次,因此在理论和实践上各国把它和业务经办机构合二为一,也有分开的。

4. 社会监督机构

社会监督机构是隶属于公共事业部门,提供公共服务,主要职责是对社会保障的政策法律执行情况、基金筹集、基金管理运营、待遇给付、服务质量等诸环节、诸机构,实施全面的监督。

(二)按照管理层次和管理权限划分

1. 高层管理机构

高层管理机构属于领导和决策层次,负责制定国家社会保障事业发展的全国规划,制定社会保障政策和法律法规,指导、统筹和协调社会保障事务,组织、贯彻和实施社会保障法律法规,对社会保障事务实施全面监督。

2. 中层管理机构

中层管理机构即省级地方管理机构,属于辅助和传递层次,负责具体贯彻实施社会保障管理机构的决策和法律法规,制定地方性实施细则和补充规定,反馈社会保障法律法规在实施过程中发现的问题和有益的经验,以及地区内的社会保障基金调剂及业务执行情况、处理有关申诉等。

3. 基层管理机构

基层管理机构即地(市)、县(市)级地方社会保障管理机构,属于社会保障事务执行和经办层次,它按照国家的法律法规和上级领导机关的指示,负责社会保障日常性工作的管理和经办。具体包括社会保障费收缴、基金的管理、待遇的给付,以及提供社会保障事务的信息、咨询和服务等。

二、社会保障管理服务机构的设置

社会保障管理机构是社会保障事业的具体实施、执行和操作部门,也是社会保障管理体制模式的外在表现。也就是说,社会保障管理体制的模式只有通过社会保障管理机构的个体设置才能得以实际运行。同时,管理机构的设置又会对整个社会保障管理体制目标的实现产生较大的影响。因此,管理机构的设置是否合理是决定社会保障管理工作能否正常运行,是否协调高效的关键之一。

根据国内外的成功经验,社会保障的管理体制中应设置以下四个层次的管理机构。

(一)决策协调机构

这一层次的管理机构主要担当向立法机构提供依据,协助制定社会保障的有关法律,并根据法律导向制定有关政策、制定发展规划,以及对重大问题进行决策和预算的审议。同时,还负有对社会保障各项目管理部门进行协调的重任。

(二)业务执行机构

这一层次的管理机构可以根据不同的体制模式,由事业单位及社团组织担任。它实际是执行国家社会保障方针、政策的综合职能部门,通常要接受中央主管部门的领导,并且负责执行政策法规、落实实施方案,以及具体经办社会保障各项目费用的征集、核算和发放工作。

(三)资金运作机构

这一层次的管理机构可以由社会保障基金独立运作,也可以委托专设的基金公司。它的主要职能是通过对社会保障基金的运作和保值增值,保证社会保障基金的需求。它与业务执行机构关系密切但同时处于平行关系,根据社会保障管理体制的发展需要,可分别设置从中央到地方的资金运作机构。

(四)监察监督机构

这一层次的管理机构主要行使对社会保障各项政策、法规的执行情况,以及社会保障各项基金的收支、营运和管理的监督权。监察监督机构的组成人员应包括社会贤达人士、公众代表和专家。此外,监察监督机构还上连立法机构的法律监察,下通广大民众的社会监督,通过包括审计在内的多种途径,使得社会保障工作在国家既定方针政策的轨道上健康发展。

第二节　社会保障公共服务外包

一、社会保障与公共服务

公共服务与社会保障是一个社会发展不可或缺的重要方面。无论是发达国家还是发展中国家,都需要建立健全的公共服务体系和社会保障制度,以满足人们的基本生活需求,并为社会的可持续发展提供支撑。

公共服务是指由公共机构提供的服务,旨在满足人民的基本生活需求。这些服务可以包括教育、医疗、交通、环境保护、文化娱乐等方面。教育是公共服务的核心领域之二,一个优质的教育体系能够促进人才的培养和社会的发展。医疗服务也是公共服务的重要组成部分,一个健全的医疗体系可以保障人们的健康,并提高人们的生活质量。此外,交通、环境保护以及文化娱乐等领域的公共服务也对社会的发展起到了重要的推动作用。

公共服务与社会保障的重要性不言而喻。它们能够提高社会的公平与公正。通过提供公共服务,人们能够在基本生活需求上享受到公平的待遇,不论生活条件如何,都能够获得教育、医疗等服务。社会保障制度则能够提供相应的经济支持,帮助那些处于困境中的人们渡过难关。

公共服务与社会保障的建立对于促进经济增长和社会稳定也起到了重要作用。一个优质的教育体系可以培养出更多的人才,推动科技创新和经济的发展。医疗保障则能够提高人们的健康水平。失业保险和住房保障能够提供社会稳定的保障,减少社会不安定因素的产生。

然而,公共服务与社会保障面临着许多挑战和困难。首先,资源的分配问题是一个亟待解决的难题。由于资源有限,相关部门需要合理分配资源,以满足人民的基本生活需求。其次,公共服务的质量与效率也需要不断提高,确保人们能够获得高质量的服务。另外,公共服务与社会保障的建设需要大量的投入,需要合理规划财政预算,确保资金的可持续来源。

总之,公共服务与社会保障是社会发展的基石,其重要性不容忽视。通过提供基本的公共服务和社会保障,可以促进社会的公平与公正,推动经济的增长和社会的稳定。当然,在建设公共服务与社会保障的过程中,需要社会团体和个人共同努力,才能实现社会的可持续发展。

二、社会保障与基本公共服务

在现代社会,作为公民,每个人都有享受社会保障和基本公共服务的权利。基本公共服务是指公共部门向所有居民提供的最基本、最基本的服务,包括基本的公共卫生、教育、文化、交通、住房、环保等。

社会保障和基本公共服务是构建和维护社会公平、公正和整体发展的重要社会制度和基础设施,是社会管理和服务的主要职责。在现代社会的文明进步和经济发展中,社会保障和基本公共服务的质量和水平越来越受到公众的重视和关注,也成为一个国家的文明水平和社会稳定、经济繁荣的基本保障。

(一)社会保障是公平的基础

作为社会公民和国家公民的身份,每个人都有享受社会保障和基本公共服务的权利。社会保障主要包括社会保险、社会救助、社会福利、劳动保护、医疗保健等。其中,社会保险是指社会机构按照法定比例向全体劳动者收取一定比例的费用,用于提供社会保险制度中规定的各种保险,保障劳动者的合法权益。社会救助则是针对一些无法支付基本生活费用的人员提供临时救助和长期救助。社会福利则是根据社会成员的不同需求,提供居住、收入、康复、教育、就业、精神抚慰等方面的帮助。劳动保护包括劳动合同、工资待遇、工作条件、职业安全等方面的管理保障。医疗保健则是国家为人民提供的基本医疗保障制度。这些都是保障公民基本权利的必要制度和政策。

社会保障是基于公平原则的制度即在社会财富总量增加的基础上，通过相应的财政补贴、社会保障参保费、统一支付等方式，保障不同社会成员在收入差异、贫富差距、健康、住房、教育等方面享有基本平等的权利和机会，促进社会公平和社会和谐稳定的发展。

（二）基本公共服务是民生保障的基础

随着经济、文化和科技的发展，基本公共服务在社会生存、发展和文明进步中扮演着愈加重要的角色。基本公共服务涉及公共卫生、教育、文化、交通、住房环保等方面，是构建现代社会公共服务制度的基础。公共卫生和医疗保健是基本公共服务的重要组成部分。公共卫生的基本任务是维护公共卫生安全，保障人民身体健康。医疗保健则是为公民提供全面的医疗保障服务，保障人民得到及时、优质、经济的医疗保障。

教育和文化是社会发展和人类进步的力量。教育的基本任务是培养具有较高素质的人才，为社会发展和人类进步创造有力的人才支撑。文化则是推动人类文明进步的重要力量，促进社会的和谐和文明发展。在教育和文化方面，各国采取的政策有很大的差异，如教育体制改革、教育资金投入、文化节庆、社会文化服务、人文关怀等。

交通和住房是民生保障的重要方面。交通基础设施的建设和发展，是保障人民出行顺畅、方便和安全的基础。住房则是人民温暖的家，保障人民拥有稳定安全的居住环境。在交通和住房方面，各国采取的措施和政策有很大的差异，如交通基础设施建设、公共交通、住房保障制度、住房公积金等。

环保则是人类文明进步的重要方面之一。环保的基本任务是保护环境、维护生态平衡和保障人类的生存环境。在环保方面，各国采取的方法和政策也有巨大的区别，如环境监测、环境保护、能源节约、可再生能源等。

社会保障和基本公共服务是现代社会建设的基础，是保障人民生活、促进经济发展、维护社会稳定的最基本要素。各国应加强对社会保障和基本公共服务的投入，提高各方面的质量和水平，保障人民享有更加公平、公正、有效的社会保障和基本公共服务。

社会保障基金与管理

第三章

社会保障基金是国家相关部门依据法律法规和政策规定,通过合理的法定程序,运用法律手段与其他多种手段相结合,强制性建立起来用于推进各项社会保障制度的货币资金。每项社会保障基金的支出基本上都关系到广大保险对象基本生活和生存的刚性支出,因此社会保障基金是社会保障得以施行的重要保证。正是由于社会保障体系中各项保障制度的具体实施都需要一定的资金支持,因此社会保障基金是保证社会保障良好发展的基础。当然,作为社会保障财力基础,对社会保障基金的管理也是社会保障制度的重要组成部分。社会保障基金管理是指为了保障劳动者的基本生活,根据国家与个人的经济承受能力而开展的基金的筹集、支付以及运营投资的行为与过程。

全国性社会保障基金是由中央财政预算拨款、基金投资的收益、国有资本划转以及国务院批准的其他方式筹集的资金合成。全国性社会保障基金由全国社会保障基金理事会负责运营管理,它是我国人口老龄化严重时期的养老保险金、社会救助资金等社会保障支出的重要补充。全国性的社会保障基金同地方政府管理的养老、基本医疗等社会保险基金以及补充性保障基金是不同的,其资金的收支管理、投资运营都不相同,用途也存在一定的区别,在我国的社会保障中发挥着重要作用。

第一节　社会保障基金概述

在社会经济生活中,为了实施各项社会保障项目、计划而建立了社会保障基金。社会保障基金是国家事先建立起来的,通过法定程序,用来保障社会成员在遭遇社会经济风险事故时所需要的、专款专用的用于特定目的的资金。

一、社会保障基金的定义

社会保障基金是国家和社会从所拥有的社会财富中提取出来,然后进行保存累积用以救助或者补偿享受社会保障的对象的资金。社会保障基金是社会保障目标实现与社会保障制度正常运行的物质基础。社会保障实施的过程中,一是国家通过初次分配,形成国家、企业及个人的原始收入。二是依据相关的法律法规实现国民收入再分配,向各种项目的社会保障对象提供救助或福利,救助的功能在于保障国民的基本生活,福利更多倾向于增强国民获得福利的幸福感。

二、社会保障基金的特征

(一)强制性

社会保障基金是国家通过立法进行强制性筹集的基金,资金必须严格按照法律及相关政策的规定管理及运用。各个企业、单位或者个人都必须按时、按法定费率缴纳社会保障费,承担缴纳社会保障费的责任。社会保障基金同劳动者的切身利益息息相关,因此,基金管理机构对社会保障基金的筹集支付、投资运营中的投资组合以及投资比例都必须遵循相应的法律法规和政策规定。总的来讲,不论是缴纳社会保障基金还是相关部门对社会保障基金的管理和运营都要严格依法守法,法律具有强制性,因此社会保障基金的首要特征是强制性。

（二）互济性

社会保障基金本质上是一种消费社会后备基金，是在国民收入的初次分配和再次分配过程中形成的。其具体表现为社会中的每个人享受的社会保障待遇不等同于其对社会保障基金的贡献，是社会成员之间互济性的反映与体现。

（三）累积性

目前，社会保障基金的筹集模式主要有三种：现收现付制、完全累积制以及部分累积制，并且累积制运用得较多。社会保障基金在实际的操作中，从筹集到支出会有一定的时间差。这就要求相关的社会保障基金管理机构能够对累积形成的社保基金进行有效的投资组合，进一步体现社会保障基金的价值，使其安全运营、有效投资、增值保值的目标得以实现。

（四）专项性

社会保障基金是专门用来保障劳动者因年老、疾病、失业、工伤等原因造成暂时或长久地失去收入时，基金能够维持这些群体的基本生活。因此，社会保障基金是一种专项基金，必须专款专用。

（五）广泛性

广泛性一是指社会保障基金筹措的来源比较广泛，除了工伤保险由企业完全承担外，其他的都为组合分担的方式，具体是由企业、个人分担或企业、个人双方分担。二是指缴纳社会保障基金的企业与个人也来自社会的各个行业，从而体现了广泛性。最后，享受社会保障基金的群体虽然有特定的对象，但享受对象的范围也相当广泛。

社会保障基金除了上述特征以外，还具有政策的目的性、总体的安全性、对象的特定性、资金的保值增值性等特征，在学习和研究社会保障基金时，抓住其特征便于更好地理解社会保障基金。

三、社会保障基金的内容

社会保障基金通常可以按照其内容、特殊用途及不同功能分为社会保险基金、社会救助基金、社会福利基金、优抚安置基金。社会保障基金还可根据基金筹集管理方式分类，分为直接拨款类、强制性征缴类以及其他多元组合形式类。最后按资金来源不同可分为财政拨款、社会保险费、投资运营收益和其他资金来源类。

第二节　社会保障基金的收支管理

社会保障基金的收支管理是根据国家与个人的经济承受能力而展开的基金的收取和支付，是社会保障基金进入流出的行为与过程，旨在保障劳动者的基本生活。社会保障基金管理体制往往与国家的社会保障制度的组织机构相关。一般情况下，社会保障基金是由国家、企业和个人三方缴纳。社会保障基金是以税或者费的形式征集，并且各国的缴纳方式与缴纳比例都存在差别。社会保障基金的给付对象也很广泛，给付方式多种多样。为了使社会保障基金理想效果得以实现，就必须合理运用社会保障基金，因此对社会保障基金的收支管理很有必要。

一、社会保障基金收取管理

按照法律法规与社会保险制度所规定的计征对象和方法，负责运营管理社会保障基金的机构获得一定的社会保障基金的行为与过程即为社会保障基金的收取。

社会保障基金源于三个方面：一是国家定期划拨；二是定期向劳动者所在单位征收；三是向劳动者个人征收。社会保障基金的收支管理中首先要考虑的是社会保障基金的收取规模大小。

社会保障的收取应该遵循四个原则：一是享受保障对象负担的费用

不可超过全部所需费用的 50％；二是要合理地制定收取的资金比例；三是在制定收取规则、比例时要考虑本国的经济发展情况；四是在基金收取时要在基金发展利好的情况下进行，同时需要注重效率原则。社会保障基金的收取过程中还应该做到：收取方式与相应的制度模式相适应、收取的渠道正规且畅通。最后收取资金的来源要相对稳定以保证收取的资金能满足社会保障所需。

各个国家选择的社会保障基金的收取方式不尽相同，但征税方式与缴费方式是最常见的，目前社会保障基金的收取部分主要来自社会保险基金的收取。

缴费方式是指相关的职能部门依据法律法规规定的统筹缴费和强制储蓄两种方式。缴费方式是一种强制向企业或劳动者个人收取的方式，一般适用于一些特定的社会保障项目。由相关部门指定的专门机构负责运营管理，由雇员和雇主共同缴费称为统筹缴费；同样由雇员和雇主缴费，但是不实行统筹管理，所收取的资金是存入自己的账户，相关部门对其所属的的支配权有限，称为强制性储蓄。

二、社会保障基金支付管理

社会保障基金的支付与社会保障基金的收取一样是社会保障制度发展的重要环节，是社会保障目标实现的重要保证，科学地把握社会保障基金的支付管理十分必要。

在社会保障基金支付的过程中，有几点需要注意：首先，在制定支付标准时必须坚持几个刚性标准：一是生产力标准；二是基本生活保障标准；三是法治化标准。其次，社会保障基金的支出还需要遵守原则，第一需要遵守的是保障受保对象基本生活原则，人的生活需要生存、发展和享受，而这里所说的只是基本生存的保障。社会保障基金能够保障基本生活，在不同时期需要的内容与水平都不完全相同，应与该时期的社会经济发展水平相契合。第二是需要遵循随物价变动调整待遇水平的原则，社会保障成员的基本生活水平取决于一段时期社会成员的收入与消费水平,物价水平就直接决定了其生活质量。所以,社会保障基金给付需要考虑物价的变动。第三是需要遵循共同分享经济快速发展成果原则,基于社会的公平正义,社会大众都有权利享受经济发展与增长的成果。在社会保障基金的支出管理中,还需要考虑这样一些群体,包括无法参加社会劳动的残疾人、缺乏劳动能力的老年人及未成年人等,所以社会保障待遇支出应当通过扩大制度的覆盖面尽可能使全体国民不同程度地享受到社会保障,分享经济发展成果。

社会保障基金的支付项目囊括了社会保障基金的最终支出范围,一般分为社会保障待遇支出和社会保障管理支出两个项目。社会保障基金支出的方式较多,不过常见的基本方式只有三种,分别是货币支付、实物支付以及服务支付。货币支付是运用最多的支付方式,货币作为一般等价物其灵活性与适应性都很强,支付形式简单快捷,领取者也能拥有较大的支配权。实物支付是指直接为享有社会保障的社会成员提供物质,相较于货币支付而言较为复杂。但是实物支付在对灾害救助、贫困救助中的直接发放救灾济贫物资时,能够体现它解决问题的直接性。最后,服务支付是指为社会成员提供服务以及服务设施,以实现社会保障目标为目的,是一种辅助性支出。

总之,社会保障基金的收支管理应该根据不同的社会保险种类分别建立不同的账户,采用分账核算并执行国家统一的会计制度。社会保障基金的收支管理目标就在于确定基金的来源和支出的正确性与合理合法性。

第三节　社会保障基金的投资运营

社会保障基金的投资运营是为了保证延期支付的存储下来的部分社会保险基金能够弥补遇到通货膨胀时期的贬值。所谓的社会保障基金的投资运营,就是将社会保险基金投入经济活动,旨在获得相应的收益。

一、社会保障基金投资运营的必要性

社会保障基金的收取到支出存在时间差,会有结余的社会保障基金。社会保障基金的投资运营针对的主要就是这部分结余的资金。在社会保障基金的整个管理运行过程中,已经累积的基金如何运营同基金的收取支付同样重要。社会保障基金常常具有长期性和规模较大的特征,其本身就面临许多风险。风险类型主要包括:通货膨胀风险、投资运行风险、偿债能力不足风险等。因此累积基金必须采用有效的运营方式争取最大的投资收益才能够经受潜在风险的考验。

社会保障基金选择累积制模式的国家,社会保障机构都拥有一笔累积资金。累积的资金面临的风险最常见的是通货膨胀,通货膨胀是市场经济中的客观现象,它会随着经济的周期性波动呈现出周期性变化。通货膨胀会造成资金的贬值,社会保障基金会面临较大的风险。尤其是社会保险基金中的养老保险基金,因为它要经过长期的累积进行支付,通货膨胀会减弱其实际购买力。

社会保障基金投资运营的意义包括三方面:一是有利于保证社会保障基金的保值增值,增强社会保障基金给付能力;二是可以减轻社会、企业及个人的负担,保证受益人福利不会因为时间流逝而有所减少,或许还可以增加受保人未来的福利。此外,社会保障基金投资运营也可以带来社会总产出的增长,促进社会经济又好又快地发展。

二、社会保障基金投资运营原则

社会保障基金的投资运营需要遵循一定的原则,主要有安全性原则、获益性原则和流动性原则。社会保障基金的投资运营应该在保证社会保障基金投资运行的安全基础之上,再去追求收益,最后才是满足资金的流动性原则。另外,多元性原则与公益性原则通常作为前面三个原则的补充。

（一）安全性原则

社会保障基金投资运行的安全性体现为"低风险"，为了降低投资运行风险，通常会采取以下几种方法：一是进行分散投资；二是在投资组合中确定一定的低风险金融工具投资比例，并严格限制高风险金融工具的投资比例；三是重视投资的长远性，进行有规划的投资，确保在整体的投资总额中，长期与中长期投资工具占有较高比重。

（二）获益性原则

社会保障基金建立的目的就是确保社会保障得以落实，社会保障基金由于自身面临一些风险，因此务必要保证社会保障基金的获益性，只有将获得的收益用于社会保障基金的补充，才能保证社会保障基金的正常运行。为了保证其获益性，在投资组合中也必须保证有适当比例的高风险投资工具存在，并且在进行资金的投资运营过程中要把握时机看准方向。

（三）流动性原则

社会保障基金同时具有社会保障项目的多样性与社会保障支出临时性的特征，这些特征决定了社会保障基金一定要具备一定的流动性。在运营时确保其在贬值的情况下能够随时变现，不同的保障项目对流动性的要求也不相同。养老保险基金的流动性相较于医疗保险金的流动性较弱。为了保证社会保障基金的流动性，在进行项目投资组合时，应将高流动性的金融工具与低流动性的金融工具按适当的比例进行投资组合。

三、社会保障基金投资运营的项目

（一）金融资产

金融资产是指对金融工具的持有，这里的金融资产包括各大银行的大额存款，或者企业担保性证券、抵押债券、股票等。为了获得较高的投资收益,国家在严格制定社会保障基金的投资规则和投资限额的前提下,准许投资部分金融资产。金融债券与股票往往可获得较高的收益,但是其风险也较大。所以在选择时需要经过专业人士慎重考虑。

(二)住房贷款

住房贷款是社会保障基金的重要投资对象,住房贷款与社会保险政策可结合运用,既能获得投资收益又能确保住房保障等目标实现。不过这种项目往往带有某种公益投资性质,相应的贷款利率较低,收益也就相对较低。

(三)各类有形资产

社会保险基金投资于有形资产,主要是基础设施的建设,如修建公路、机场,医院及医疗设施、特殊群体住房建设等。

社会保障基金的投资运营应在遵守法律法规以及相关规定的前提下,注意基金的投资方向、投资数量、投资结构及组合协调性。需要注意的是,各类投资项目在风险性、获益性、安全性、流动性等方面也各有差异。基金投资政策的实施效果则较大程度地取决于如何合理、有效地处置各类投资项目。因此,运作机构在进行基金投资运营时应注意投资期限规定、投资组合的合理性、优化投资结构,采取适当措施实现社会保障基金的保值增值。

四、社会保障基金投资运营方式

各种投资项目既有收益也有风险,由于各国资本市场的发展程度以及对基金投资风险的管理能力有所差异,相同的投资工具在不同国家之间的风险和收益都有着明显区别。所以社会保障基金投资运营在实践中要视具体情况不同而选择不同的组合投资方式。

稳健型投资运营方式、风险型投资运营方式、组合式投资运营方式构成了社会保障基金的投资运营方式。其中,稳健型保证基金在一个规定的风险之内获得投资收益,特点是风险低、收益稳定、收益低。风险型追求的是投资收益最大化的目标,其特点是风险高、收益不稳定、收益高,如股票、房地产或创建投资基金。组合式投资运营方式是前面两种方式的综合运用,既有稳定的投资又尝试进行风险性投资,能否顺利进行就取决于投资运营方式的组合是否恰当。

第四节　社会保障基金管理体制

社会保障基金管理体制是社会保障管理制度和管理方法的总和,它对地方各级之间、国家和企事业单位之间有关社会保障管理的权限、职责等作出了规定,是社会保障管理的重要内容。

一、社会保障基金管理机构

从纵向上看,社会保障基金的管理机构按照权限可划分为高层管理机构、中层管理机构以及基层管理机构。高层管理机构主要负责社会保障的全面立法,制定社会保障政策,实施监督,属于领导和决策层次;中层管理机构负责具体贯彻社会保障的立法和政策,制定地方性实施细则和补充规定,属于辅助和传递层次;基层管理机构的职责是执行国家法令和上级机关的要求,属于社会保障的执行层次。

从横向上看,社会保障基金的管理机构按照职能性质可分为社会保障主管机构、社会保障经办机构、社会保障基金经营机构及社会保障监督机构四个机构。这四个机构各司其职,首先,社会保障主管机构的主要职责是负责社会保障政策的决策以及协调管理;其次,社会保障经办机构的主要职责是负责社会保障费的征缴和社会保障待遇的发放;再次,社会保障基金经营机构的主要职责是负责社会保障基金的保值增值以及基金的投资运营;最后,社会保障监督机构的主要职责是负责全方位地监督管理社会保障事业的实施。

我国社会保障基金的管理体制可以概括为"分类管理"和"分散管理"

两个特征。所谓分类管理,是指我国社会保障基金基本上是按照社会保障项目的分类进行管理的,即社会救助基金、社会保险基金、社会福利基金、慈善基金等进行管理。所谓分散管理,是指我国社会保障基金由不同的部门进行管理。如社会救助基金和社会福利基金主要由民政部门负责管理和监督,社会保险基金由人力资源和社会保障厅进行管理和监督。

二、社会保障基金的监管

社会保障基金的监管是指国家授权专门机构依法对社会保障基金的征缴、运营、发放等过程进行监督管理的过程,是社会保障基金管理过程中的重要一环,是保障基金安全并实现基金保值增值的必不可少的过程。社会保障基金的监管内容分为五个方面:一是选择与确定社会保障基金运营机构;二是制定相关监管规则;三是对社会保障基金运营指标体系的设计;四是实施社会保障基金的现场监管与非现场监管;五是保障社会保障基金的长期稳定运行以及实现社会政策目标。

社会保障基金在投资运营过程中,由于其数量巨大,因此必须防范和规避风险。基金监管的目标简单来说就是为了最大限度地保障基金的安全。具体来说,基金监管要达到的目标就是维护劳动者的合法权益、保障社会保障基金安全完整、实现社会保障基金保值增值以及维持社会稳定。

社会保障基金监管在发展的过程中,形成了一系列的原则,主要有以下几个基本原则。

(一)公正性原则

该原则要求在履行监管职能时,监管机构必须以客观事实为依据,以法律为准绳。运用经济、行政以及法律手段,监督检查经办机构和有关机构的行为。

(二)安全性原则

该原则要求社会保障基金的监管必须以维护社会稳定为目标,这是基金监管的首要原则。

(三)法治化原则

该原则要求以法律为准绳,明确监管机构的监督管理职责、法律地位、行为标准和管理办法,以及明确监管机构与其他机构之间的关系。同时,运用法律确定监管对象的权利、义务以及管理和运营的行为准则。

(四)独立性原则

该原则要求监管机构与监督对象、其他机构既要密切合作,又要划清职责界限,互不干涉;监管机构对经办机构和运营机构执法时,应保持相对独立性。

(五)审慎性原则

该原则要求监管机构的监督检查要适度。

(六)科学性原则

该原则要求监管机构要以先进的科学技术为手段,建立健全相关监测评估体系和法律体系,做到监管的科学性、合理性。

不管选择何种社会保障基金管理模式、管理机构和监管方式,一个相对健全的社会保障基金管理体制应具备以下三个特点:第一,有一个国家行政主管部门负责统一管理社会保障,或者有一个或多个行政主管部门主管不同类型的社保项目;第二,社会保障主管部门和经办机构二者必须分开,社会保障经办机构要接受社会保障主管部门的监督;第三,建立健全相关的法律法规体系,从而实现两大目标:一是实现社保基金的保值增值,二是保证社会保障基金的运营安全。

第四章 社会保障模式与体系

第一节 社会保障体系的内容

一、社会保险

(一)社会保险的概念

社会保险是为保障劳动者基本生活而建立的一项社会保障制度,当参加劳动关系的劳动者在完全或部分丧失劳动能力,失去劳动岗位以及因健康原因造成损失时,国家或社会通过给予必要的物质帮助以保障其基本生活。社会保险资金的目标是帮助劳动者在因年老、疾病、生育、工伤、失业等风险暂时或永久失去劳动能力而造成损失时,能够得到物质帮助以解决劳动者的后顾之忧。

社会保险作为现代社会保障制度的重要组成部分,也是一种个人消费品。个人缴费数额由国家社会保险法、社会保险政策和有关规定决定,即依据当前国家的经济状况以及个人收入水平来确定支付缴费数额。在几乎所有国家,社会保险支出的规模占社会保障的比重最大,社会保险占据了现代社会保障制度的核心地位。

(二)社会保险制度的特征

社会保险制度具有以下独有特点。

1. 预防性

社会保险基金的建立体现了社会保险的预防性特征,当投保人因发生规定范围内的风险而遭受损失时,国家可以使用由多方筹资责任分担而建立起来的社会保险基金,使每个投保人能在第一时间得到保障,起到防患未然、有备无患的作用。

2. 补偿性

补偿性是指劳动者仅在劳动中断、收入中断造成损失时才有权凭借社会保险获得作为保障对象的物质帮助,但保障水平仅限于收入损失水平。虽然社会保险的缴纳数额平常与工资挂钩,但社会保险金的支付不等于工资,其目的是补偿保障对象遭遇风险事故期间所遭受的收入损失,因此,收入损失的补偿标准是依照保障劳动者的基本生活需要而划定的。

3. 储蓄性

社会保险机构依法收取企业和个人的社会保险费,同时,也有来自国民收入的分配与再分配资金,并按立法规定开展累积,然后依据社会保险政策开展分配。社会保险资金无论是在初始征集的过程中还是后续管理的过程中必须拥有储蓄性,以保障政策措施的顺利推行。

4. 责任分担

社会保险制度是以劳动和资本分配为根基的制度安排。雇主和工人分担这笔费用。费用责任是这一制度的本质特征,多样化的资金筹集渠道既体现了责任分担的原则,也为资金来源的可靠性提供了保障。

5. 互助共济

互助共济体现在社会保险费用的统一收支、建立统一账户上,即将参保人员缴纳的社会保险费纳入社会保险基金,当遭遇保障范围内的风险且受到收入损失时,通过按规定使用基金中的资金来帮助其维持基本生活需要,最终实现风险分担、互助共济的目的。

二、其他补充保障

(一)商业保险

商业保险是保险人与投保人或被保险人通过保险合同建立保险关系

的一种商业交易行为,是由投保人或被保险人向保险人支付一定的保险费,将自己特定的风险转移给保险人,当约定风险或事件发生后,由保险人依据保险合同支付赔款或保险金的一种风险管理机制。商业保险包括人寿保险、人身意外伤害保险、健康保险及各种财产保险、责任保险等。

商业保险作为一种等价交换、自愿交易的商业行为,拥有其独特的性质、经营方式和权利特点。商业保险的义务保护对象和保护水平的体系不同于社会保险。它以商业保险合同为根基,在此基础上,保险合同一经订立,商业保险公司即以经营单位经营,以赚钱为目的。保险合同期满或者履行完毕,保险责任自行终止。因而,在实践过程中,一方面,保险公司直接开展保险业务;另一方面,它又通过保险业务收入进行运营来获得可观的利润,拥有分散风险、补救损失的功能。从这一方面看,商业保险体现了投保人之间的互助互济精神,以合理计算、风险共担方式,在一定程度上起到了与社会保险一样的作用。因此,商业保险,尤其是人寿保险、健康保险等商业保险业务,可以作为社会保障制度的必要补充。

(二)企业年金

企业年金是指由企业建立的面向本企业职工的一项补充养老保险制度,是员工福利中日益重要的组成部分,对基本养老保险制度发挥着重要的补充作用。企业年金包括各种类型的企业补充退休保险,如利润分享退休金计划、雇主退休金计划、企业团体寿险、员工股权退休金计划等项目。企业年金是用人单位常用的一种吸引和留住长期服务人员,提高劳动生产率的人力资源管理方法。企业年金拥有协调劳动关系,改善职工福利,补充基本养老保险制度的功能。

(三)社区服务

社区服务是指以社区组织为依托,面向全体社区居民,重点关注特殊群体,通过灵活多样的服务形式为其提供福利性服务的社会化保障机制。社区服务侧重于为社区中的特殊群体如老年人、贫困家庭等提供服务。为居民提供特殊服务不只体现了对社会弱势群体的关注,也体现了特殊贡献者的卓越。社区服务建立在自主、自愿、自助、互助的基础上,社区成员自愿参加,为重点和特殊服务对象提供无偿服务,为普通居民提供低偿服务。各种社会的基层组织和社区的服务形式已经发展为今日的社会保障，是社会保障的新内容。

第二节　社会保障主要模式的特征分析

社会保障体系逐步演变和进步成一个由多项目体系构成的完善的社会保障体系，包括许多子系统和保障项目。由于社会制度、经济发展水平和文化传统等不同，各国建立了不同的社会保障体系，从而其社会保障的主要模式也千姿百态。社会保险型模式、福利国家型模式、强制储蓄型模式和国家保险型模式是全世界较为公认的划分方式。

一、社会保险型模式的特征

社会保险型模式的特征与社会保险制度的特征有相似之处，但也有自身的独特性。

第一，以劳动者为核心。社会保险制度的保障对象是劳动者，是围绕他们年老、疾患、工伤、失业等风险制定的保险筹算，当受保的劳动者遇到这些风险时国家运用这些筹算来保障他们的基本生活。特定情况下，社会保险制度的保障范围还可以扩散到劳动者的家庭成员。

第二，责任分担。社会保险要求保险费用的支付责任在国家财政给予一定的支持后，由用人单位和劳动者双方共同承担，体现了风险和责任的共担机制。

第三，权利与义务有机结合。社会保险强调享受社会保险的保障权利与缴纳保险费用的义务相一致，简单地讲就是缴纳保险费用是享受保障权利的条件和基础，那些未缴纳或未按要求缴纳保险费用的劳动者无法享受社会保险的保障待遇。此外，劳动者享受的保障待遇水平与其缴纳的保险费数额以及个人收入情况相挂钩。

第四，互助共济。用人单位和劳动者通过划分养老、医疗、工伤等不同的方面支付相应的社会保险基金。如果劳动人遇到相应的风险那么将会有对应的社会保险基金进行救助，这体现了互助互济、风险共担的原则。

第五,社会保险基金的筹集以现收现付为主。社会保险模式注重权利与义务相一致的原则,追求公平和效益共同发展。同时社会保险基金在社会成员中的整体应用符合风险管理的大数原则,体现了社会保险的互助性。

二、福利国家型模式的特征

第一,累进税制与高税收。一方面,国家通过确立累进税制对社会财富进行再分配,推动社会公平;另一方面,高福利意味着高支出,累进税制为福利国家提供财政支持,保证高水平福利的可持续性。

第二,普遍覆盖与全民共享。福利国家的基本原则包括"普遍性"与"全民性"。普遍性即普遍覆盖,要求福利国家不仅要承担公民的最低生活保障,让他们免受失业、疾病等痛苦,还要求国家满足他们的其他更深层次的需求,如生活质量与安全感。全民性要求不能把任何公民排除在外,也就是说各种保险制度不仅限于受保者本人,还应包含其亲属。

第三,法治健全。社会保障制度必须以法律为基础,完善的法律监督制度是实现多层次的社会保障可持续发展的必要保障。

第四,充分就业。国家通过各种手段措施可以更多地创造就业机会,促进全民就业,实现充分就业的目标。

三、强制储蓄型模式的特征

第一,强调自我保障,即国家强制要求个人进行统一的个人储蓄,自食其力。自食其力、自我保障强调公民的自我责任和家庭责任,与福利国家基本依靠国家相反,要求人们主要靠自我和家庭进行保障。国家按照政策通过职工工资,抽取一定比例进行强制储蓄。在储蓄的支取方面也有严格的要求,在一定程度上避免了人口老龄化带来的财政压力与代际转移带来的社会问题,与此同时支取方面不存在随意性,强化了自我保障意识。

第二,储蓄账户资金全部由雇主和雇员承担。雇主和雇员按法律规定的比例进行储蓄,资金筹集全部来自雇主和雇员,公积金随社会发展、收入变化而进行调整。

第三,公积金制度是以社会福利为主、保障为辅,不具备互济共助的功能。公积金制度具有积累社会财富的功能,有利于调控经济,推动和实现国富民安、社会经济发展。

第四,激励功能较强。公民缴纳的公积金直接归入个人账户,账户的透明度大,监督约束机制完善。公民的养老金额与贡献和收入相挂钩,同时加之监督机制完善,有利于公民不断努力提高自己的劳动贡献和劳动报酬,能够达到激励公民提高自身素质,提高劳动贡献质与量的目的。

第五,以自我保障为主体。公积金的功能一直以来都是以自我保障为主,以社会保险为补充,是一个从单一功能发展转变为综合性多元化的自我保障体系。

四、国家保险型模式的特征

第一,社会保障制度依靠宪法成为国家制度。社会保障权利由生产资料公有制保证,并通过相应的社会经济政策的实施取得。

第二,社会保障费用个人无须缴纳费用。国家在收入分配前已经从总的劳动所得中扣除了社会保障的支出费用,所以由社会的公共资金无偿提供和用于社会保障开支。

第三,保障的对象是全体公民。国家需要对无劳动能力的社会成员提供物质保障,每个具备劳动能力的人都必须积极参与社会劳动且在劳动过程中享受社会保障。

第四,工会参与社会保障事业的管理与决策。

第三节　社会保障模式发展趋势

社会保险型模式、福利国家型模式、强制储蓄型模式和国家保障型模式是社会保障体系中的不同模式,其最主要的不同之处在于社会保障主体具有不同的保障责任。要结合各种社会保障制度的特征和不同社会保障模式的经济背景,整合社会保障制度,实现社会保障制度的多目标,有效应对普遍存在的多重风险。针对这一问题,多元化社会保障模式应运而生。

一、社会保障模式多元化的含义

社会保障模式多元化是指在一个国家内存在多种社会保障制度安排,出现多元化保障主体、多渠道资金来源、多层次保障水平、多样化管理方式的社会保障制度的变化趋势。

(一)三支柱体系的提出

目前,我国已经初步形成"三支柱"养老保障体系,包括由国家统筹、保障城乡居民基本养老的基本养老保险,即"第一支柱";由企业和个人共同投保、共同负担的企业年金和职业年金,即"第二支柱";以及主要由个人负担的个人储蓄性养老保险和商业养老保险,即"第三支柱"。

1.基本养老保险

(1)缴纳环节

企事业单位按照国家或省(自治区、直辖市)人民政府规定的缴费比例或办法实际缴付的基本养老保险费、基本医疗保险费和失业保险费,免征个人所得税;个人按照国家或省(自治区、直辖市)人民政府规定的缴费比例或办法实际缴付的基本养老保险费、基本医疗保险费和失业保险费,允许在个人应纳税所得额中扣除。企事业单位和个人超过规定的比例和标准缴付的基本养老保险费、基本医疗保险费和失业保险费,应将超过部分并入个人当期的工资、薪金收入,计征个人所得税。

(2)领取环节

个人实际领(支)取原提存的基本养老保险金、基本医疗保险金、失业保险金和住房公积金时,免征个人所得税。

2.企业年金或职业年金

(1)缴纳环节

企业和事业单位(以下统称单位)根据国家有关政策规定的办法和标准,为在本单位任职或者受雇的全体职工缴付的企业年金或职业年金(以下统称年金）单位缴费部分，在计入个人账户时，个人暂不缴纳个人所得税。

个人根据国家有关政策规定缴付的年金个人缴费部分，在不超过本人缴费工资计税基数的4％标准内的部分，暂从个人当期的应纳税所得额中扣除。超过本通知第一条第1项和第2项规定的标准缴付的年金单位缴费和个人缴费部分，应并入个人当期的工资、薪金所得，依法计征个人所得税。税款由建立年金的单位代扣代缴，并向主管税务机关申报解缴。

企业年金个人缴费工资计税基数为本人上一年度月平均工资。月平均工资按国家统计局规定列入工资总额统计的项目计算。月平均工资超过职工工作地所在社区城市上一年度职工月平均工资300％以上的部分，不计入个人缴费工资计税基数。职业年金个人缴费工资计税基数为职工岗位工资和薪级工资之和。职工岗位工资和薪级工资之和超过职工工作地所在社区城市上一年度职工月平均工资300％以上的部分，不计入个人缴费工资计税基数。

（2）投资环节

年金基金投资运营收益分配计入个人账户时，个人暂不缴纳个人所得税。

（3）领取环节

个人达到国家规定的退休年龄，领取的企业年金、职业年金，符合《财政部·人力资源社会保障部·国家税务总局关于企业年金·职业年金个人所得税有关问题的通知》（财税〔2013〕103号）规定的，不并入综合所得，全额单独计算应纳税款。其中按月领取的，适用月度税率表计算纳税；按季领取的，平均分摊计入各月，按每月领取额适用月度税率表计算纳税；按年领取的，适用综合所得税率表计算纳税。

个人因出境定居而一次性领取的年金个人账户资金，或个人死亡后，其指定的受益人或法定继承人一次性领取的年金个人账户余额，适用综合所得税率表计算纳税。对个人除上述特殊原因外一次性领取年金个人账户资金或余额的，适用月度税率表计算纳税。

个人领取年金时,其应纳税款由受托人代表委托人委托托管人代扣代缴。年金账户管理人应及时向托管人提供个人年金缴费及对应的个人所得税纳税明细。托管人根据受托人指令及账户管理人提供的资料,按照规定计算扣缴个人当期领取年金待遇的应纳税款,并向托管人所在地主管税务机关申报解缴。

建立年金计划的单位、年金托管人,应按照个人所得税法和税收征收管理法的有关规定,实行全员全额扣缴明细申报。受托人有责任协调相关管理人依法向税务机关办理扣缴申报、提供相关资料。

3. 个人养老金

自 2022 年 1 月 1 日起,对个人养老金实施递延纳税优惠政策。

(1)缴纳环节

个人向个人养老金资金账户的缴费,按照 12000 元/年的限额标准,在综合所得或经营所得中据实扣除。

个人缴费享受税前扣除优惠时,以个人养老金信息管理服务平台出具的扣除凭证为扣税凭据。

取得工资薪金所得、按累计预扣法预扣预缴个人所得税劳务报酬所得的,其缴费可以选择在当年预扣预缴或次年汇算清缴时在限额标准内据实扣除。选择在当年预扣预缴的,应及时将相关凭证提供给扣缴单位。扣缴单位应按照本公告有关要求,为纳税人办理税前扣除有关事项。

取得其他劳务报酬、稿酬、特许权使用费等所得或经营所得的,其缴费在次年汇算清缴时在限额标准内据实扣除。

(2)投资环节

计入个人养老金资金账户的投资收益暂不征收个人所得税。

(3)领取环节

个人领取的个人养老金,不并入综合所得,单独按照 3% 的税率计算缴纳个人所得税,其缴纳的税款计入"工资、薪金所得"项目。

个人按规定领取个人养老金时,由开立个人养老金资金账户所在市的商业银行机构代扣代缴其应缴的个人所得税。

(二)五支柱理论建议

由于多支柱方案拥有灵活性,能够更好地应对不同养老制度面临的不同风险,因而很多国家将多支柱方案的设计认为是社会保障制度改制的最佳方案。将三大支柱进行延伸扩展成为五大支柱,包含以下要素:"零支柱"作为社会援助方案,即社会保障体系中的最低保障支柱。"零支柱"的建立是为了关注弱势群体的生存公平,即他们依然可以在不支付费用的情况下享受经济发展的成果,体现了人的基本生存权。作为一种社会存在,全人类应该享受基本的生活条件。目标是通过市场开展的初次分配反映劳动权益,而再分配则同时关注劳动权益和公共福利。社会保障制度作为一种重要的再分配手段和国家宏观调控手段,应该在基层愈加重视。建立"零支柱"的目的是解决老年人的贫困,为老年人建立基本的收入保障。

第一支柱包括缴费型社会保障制度及与个人经济收入水平相适应的保障模式,继续以社会保险缴费制度作为社会保障制度的主体,将个人缴费与收入相关联。在保障制度中更多地考虑个人因素,体现自我保障,个人投入与给付水平相联系,实现较高的替代水平。

第二支柱指的是体现强制性的多种形式的个人储蓄账户。

第三支柱指的是在雇主自愿的前提下开展形式多样的企业年金制度,既可以是缴费型模式,也可以是确定给付型模式。

第四支柱是建立在家庭和代际基础上的非正规保障形式。

第五支柱的划分依然秉承世界银行三支柱划分的原则。世界银行将三支柱体系转向五支柱体系,是根据各国社会保障实践对社会保障制度建设的再认识。

二、国际社会保障模式多元化实践

与福利国家模式相比,社会保障制度在经济运行的许多方面都体现出良性前进的趋势,但随着经济的前进和社会的进步,社会保险示范国开始关注社会保障制度的调整和改制。同时,也有一些改制趋势,如减少国家投资数目,将国家投资数目降低到较低的安全水平,增强个人安全的力度。

第五章　社会保障事业及发展

第一节　养老保险及发展

在现代社会里，人们解决"养老"问题的途径主要两种，即以自我养老、家庭养老、土地养老等为主要内容的非制度化养老保障方式和以养老保险为主要内容的制度化养老保障方式。伴随着人口老龄化、家庭结构小型化、城市化趋势的发展，非制度化养老保障功能急剧弱化，国民对制度化、社会化养老保险的需求骤然增加。

一、养老保险概述

（一）养老保险的内涵

养老保险是国家依法建立、强制实施的，为满足劳动者因年老丧失劳动能力或达到法定的解除劳动义务的劳动年限后的基本生活需要的一项社会保险制度。

养老保险中一个至关重要的概念是退休年龄。"退休"是一项强制性的制度安排，他是确定劳动者在一定年龄和一定条件下可以退出劳动力队伍，并有权获得相应的经济收入保障。而"年龄"一般是以日历年龄作为基准的。退休年龄的确定是一定的社会、经济、科技、教育和人口等因素共同作用的结果，并随着这些条件的发展变化进行调整。由于世界各国社会经济的具体情况不同，反映在退休的起始年龄上也有所不同。

养老保险是社会保障制度重要的组成部分，是社会保险中最重要的五大险种之一，也是保障老年人基本生活的重要社会政策，在为退休人员提供经济保障方面发挥着重要作用。养老保险制度的建设与完善对维护国家的长治久安和经济的可持续发展必不可少，其也是世界各国普遍实行的一种社会保障制度。随着全球人口老龄化形势的日益严峻，养老保险如何实现可持续发展成为各国深入研究的重要课题，且很多国家开始进行养老保险制度的改革，我国也在其中，这种改革是为了适应社会主义市场经济发展的需要。

养老保险主要包含以下三层意义。

第一，养老保险是为达到法定退休年龄的劳动者提供基本生活保障的制度安排。养老保险是在法定范围内的人口退出社会劳动生活后才发生作用的。通常法定的退休年龄界限是衡量退出社会劳动生活的标准。

第二，养老保险的目的是为保障老年人的基本生活需求，是为其提供稳定可靠的生活来源。养老保险的"基本"定义十分重要，其只是保障退休养老的基本生活，而不是全部生活。

第三，养老保险是以社会保险的强制性为手段，强制缴费，强制参保，以达到保障老年劳动者基本生活的目的。

养老保险制度主要由以下五个方面构成。

第一，养老保险制度的法律文件。法律文件主要包括国家主管部门颁布的待遇给付条件、待遇给付标准、基金统筹规定、养老保险管理机构的规定和各项具体措施等。

第二，享受养老保险待遇的资格条件。资格条件是发放养老金的依据，国际上一般包括年龄、工龄和缴费年限三方面，但具体到每个国家又有所不同。目前以年龄和投保年限为条件的国家占大多数。对未达到规定条件的，则没有领取保险待遇的资格或只享受减额保险待遇。

第三，养老保险基金的筹集模式与费率的规定。筹集模式与费率的规定主要包括基金筹集的模式选择、筹集的地域与对象范围、保险费的计提基数、费率（即计提比例）、基金的来源等。目前基金筹集的模式主要有现收现付、完全积累和部分积累三种方式。

第四,养老待遇的给付。养老待遇的给付主要包括待遇给付的项目、水平、标准及计算办法,退休金的计发途径以及退休金的调整等。而养老保险待遇给付范围的大小、项目的多少取决于国情、工业化和保险制度成熟程度等因素。

第五,养老保险运行管理机构的设置。管理机构主要包括行政管理机关、事务管理机构、基金运营机构、监察机构、岗位与人员配备以及权限划分等。养老保险运行管理的良好与否直接影响社会经济活动,关系退休人员的生活保障和整个社会的稳定。

(二)养老保险的特征

养老保险是社会保险的组成部分,是社会保险的核心,与其他保险相比,具有以下特点。

1. 强制性

养老保险是由国家立法强制实行,用人单位和个人必须参加的,在达到规定的养老条件时,可向社会保险管理部门领取养老金的保障项目。凡在国家立法实施范围内的人群,均视为法定的被保险人,必须参加,无选择的余地。凡符合养老金领取条件的人,有权向保险机构申请领取养老金。

2. 社会性

养老保险是社会保险中涉及范围最广、影响最大、享受人数最多且时间最长、支出费用巨大的保障项目。养老保险具有鲜明的社会性,涉及面广,享受人群普遍,而且制度运行周期长,费用支出庞大,因此,要设置专门机构实行专业化、社会化的统一规划与管理。养老保险的管理工作应该在专门机构的指导下,通过现代化、专业化、社会化等管理方式实现养老保障的便捷和高效运转。

3. 广泛性

养老保险的保障对象是所有劳动者,待遇的享受人群是最确定、最普遍的,因为人人都会变老,都需要养老。参加养老保险的人群一旦进入老年都可以按规定享受养老保险待遇。国家的相关机构必须筹集专项资金,专款专用,以保证养老金正常发放。养老保险费用的来源一般由国家统筹调剂以实现广泛的社会互济,在大多数国家,养老资金往往采用多方筹集,或是由用人单位、个人和国家三方负担,或是由用人单位和个人两方负担,以不断扩大养老资金来源渠道。

4. 适度性

养老保险的基本功能是保障劳动者在年老时的基本生活,这就决定了其保障水平要适度,既不能过低,也不能过高。一般来说,养老保险的整体水平要高于贫困救济线和失业保险金的水平,低于社会平均工资和个人在职时的收入水平。

5. 长期性

参加养老保险的人员一旦达到享受待遇的条件或取得资格就可以长期领取养老金,直至死亡,其待遇水平基本保持稳定,通常会根据经济发展状况进行动态调整。

养老保险的产生和发展逐步取代了传统家庭养老的部分功能。当养老保险保障程度较低时,家庭养老的作用更大一些;当养老保险保障程度较高时,家庭养老的作用就相应减弱。但养老保险并不能完全替代家庭养老。几乎所有国家的宪法或法律都规定了公民有赡养老人的义务。因此,养老保险与家庭养老是相互联系、相得益彰的统一体。

6. 参保人数多

从已覆盖人数来看,养老保险与其他保险相差不是很明显,但从实际享受的人数来看,养老保险是享受人数最多的险种。因为年老意味着人的劳动能力的丧失,由年老所导致的无劳动能力是一种确定性的和无可避免的风险。其他社会保险如工伤、失业等的参保对象不一定会出现工伤或失业,所以享受工伤或失业待遇的人数显然没有养老保险多。

7. 基金规模庞大

所有社会保险中,养老保险的保险费率是最高的,养老保险的支出也是最高的,其收支规模往往达到其他保险的总和。很多国家养老金的支出是社会保障支出的主要份额。我国养老保险的基金收入占全部社会保险(不含新农保)基金收入的71％。随着人口老龄化的不断加剧,养老保险占社会保险乃至社会保障的比重将会快速上升。

8.承诺与兑现之间的间隔时间最长

养老保险的参保人员从参加工作起就要按照相关规定缴纳保险费。而兑现是在参保人员达到法定退休年龄以后,其间往往有几十年的时间差。相比之下,其他险种一般都随时兑现。

(三)养老保险的类型

养老保险根据保险范围、保险水平、保险方式可分为国家法定的基本养老保险、用人单位建立的补充养老保险、个人自愿参加的储蓄性养老保险等。建立和完善多层次的养老保险体系已成为一种国际趋势。按照其覆盖范围、保障水平和基金模式大致可以分为以下几种类型。

1.传统型

以发达市场经济国家为代表,贯彻选择性原则,强调待遇与工资收入及缴费(税)相关联。保险对象一般以工薪劳动者为主,养老保险费由雇主和雇员共同负担,其待遇水平适中,一般有利于低收入人群。

2.福利型

以发达市场经济国家为代表,贯彻普惠制原则,基本养老保险覆盖全体国民,强调国民皆有年金,因此称为"福利型"或"普惠制"养老保险。

3.混合型

原来实行福利型养老保险的国家,目前大多已经或正在向混合型制度转轨,即福利型养老保险与收入关联型养老保险同时并存,共同构成第一支柱的基本养老保险体系。这种收入关联型养老保险的待遇一般要高于普通年金的待遇,资金主要源于雇主和雇员的缴费以及基金的投资收益。

4.储蓄型

储蓄积累型养老保险制度在一批新兴市场经济国家实行,强调自我保障的原则,实行完全积累的基金模式,建立不同类型的个人养老保险账户或公积金账户。养老保险费用由雇主和雇员共同分担,在参保人退休或遇有特殊需要时,将个人账户基金定期或一次性支付。这种养老保险制度有利于发挥个人的自我保障功能,体现多劳多得的原则,也能够保障劳动者退休后的基本生活。

(四)养老保险基金的筹集模式

养老保险基金的筹集模式决定养老保险制度的设计、运行和管理方式,主要有现收现付、完全积累和部分积累三种模式。选择一种合适的基金筹集模式需要考虑多方面因素的影响,如本国的经济发展水平和个人应承担的责任比例、人口老龄化的程度以及资本市场的投资渠道等。

养老保险基金筹集主要有以下三种模式。

1.现收现付模式

现收现付模式是通过以支定收使养老保险基金收入与支出在年度内大体平衡的筹资方式。现收现付主要在社会统筹的养老保险运行模式中采用。它运行的基本原理是在长期稳定的人口结构下,由制度内生产性劳动人口负担已经退出劳动力市场的老年人口的养老费用,而现有的生产性劳动力人口的养老费用则由下一代负担。维持这种机制运行的基本约束条件是长期相对稳定的人口年龄结构。现收现付模式实际上是收入分配在代际之间的横向平衡,是一种代际互济、社会互助、注重公平的模式,它要求每年筹集的费用和支出的保险金随着人口老龄化而相应地同步增长。该模式的实施需要拥有一个人口增长稳定、新增劳动力与退休人口相对平衡的大环境。在当今人口结构变化大、老龄化速度快的环境下,现收现付的基金筹集模式遇到了很大挑战,其实施难度很大。世界上出现了对现收现付模式进行改革的呼声和浪潮,在这场改革中,一些国家采取了从现收现付到部分积累、完全积累模式的过渡手段。

(1)现收现付模式的特点

①以支定收,无基金积累。现收现付模式实际上是通过代际间收入进行转移支付,即工作的一代供养退休的一代。通过收入调节与再分配实现养老保险的互助互济。②收支关系简单,不留基金积累,无资金贬值

风险与资金保值增值的压力。

(2)现收现付模式的局限性

现收现付模式有以下局限性:①不能适应人口老龄化的趋势。在人口老龄化的背景下,生产性人口和老年人口的比例失调。为了维持制度的运行,在职劳动者的缴费将增多,导致其经济负担日益加重。②现收现付制存在着某些不利于经济发展的因素,如过高的缴费率将直接影响企业的竞争力,会对储蓄和劳动力市场供求关系产生不同程度的影响,也会不同程度地影响经济发展。

2.完全积累模式

完全积累模式是通过预提积累的方式筹集保险基金,未来养老金的待遇水平与所积累的保险基金有直接的关系。具体来说,一方面,预提积累的缴费比例在估计一定的人口、经济发展状况及其他因素的基础上进行精算确定,积累的基金数额构成养老保险金给付的基础;另一方面,保险金给付数额最终取决于积累规模和投资收益。基金完全积累制强调的是劳动者个人不同生命周期的收入再分配,即将劳动者工作期间的部分收入转移到退休期间使用。利率水平、稳定的金融市场是基金完全积累制筹资模式运行的重要条件。完全积累模式实质上是本代人在生命周期内,对自己的收入进行跨时间的分配,在不同历史时期纵向分散养老风险,更强调个人自我保障。这种基金筹集模式需要拥有经济发展稳定、物价变动平稳的长期环境,以便采取措施使积累基金做到保值增值。

3.部分积累制模式

部分积累制是一种介于现收现付制和完全积累制之间的混合模式。部分积累制有几种形式,第一种是在原有的现收现付制的基础上,提高养老保险缴纳比例,除了支付当年的养老金外,还可以进行适度规模的积累,用于满足若干年后养老金增长的需求。第二种是在引入个人账户的基础上,保留部分社会统筹互助调剂的机制。第三种是在多层次的养老保险模式中,第一层次的基本保险采用现收现付制模式,第二层次、第三层次保险采用完全积累制模式,在多层次养老保险模式框架内实行部分积累。部分积累模式是将现收现付模式与完全积累模式有机结合而形成的一种养老保险基金。根据不同的保险建制原则,部分积累可以有两种解释:一种解释是将养老基金分为两部分:一部分为现收现付,用于目前退休者的最低养老保障,实现互济;另一部分存入个人账户,形成积累基金。另一种解释是在以支定收的同时,多收一些资金并积累起来,用以弥补老龄化高峰的收支缺口,最终还是要回到现收现付模式。部分积累模式可以比较好地将现收现付和完全积累式的优点集中在一起,保证基金收付的平衡,因此在国际社会保险专家会议上受到了推崇,被越来越多的国家所采用,特别是受到发展中国家的青睐。作为一种混合模式,部分积累制具有一定的优势,它吸收了现收现付制和完全积累制两种模式的长处,将激励机制和统筹互济有机地结合起来,尤其是能够有效地应对人口老龄化对养老保险财务机制的挑战,如果能妥善实施基金管理和投资运营还有助于促进经济的发展。但部分积累制运作方式的选择以及如何实现新旧模式的平稳过渡在实践中有一定的难度。

(五)养老保险的原则

世界各国由于经济和文化背景不同,养老保险制度实施的类型也有差异。但各国在制定这一制度的时候,通常都会考虑以下几个原则。

1.广覆盖原则

相对于失业、疾病、伤残等不确定事件而言,年老是一个确定的、可以清晰预见的、人人都会遇到的事件,养老无疑是劳动者面临的最具普遍性的风险,养老保险的普遍需求特征决定了其覆盖面应该是最广的,应包括尽可能多的劳动者。

2.权利和义务相对应的原则

目前大多数国家在基本养老保险制度中都实行权利与义务相对应的原则,即要求参保人员只有履行规定的义务,才能享受规定的养老保险待遇。这些义务主要包括:依法参加基本养老保险;依法缴纳基本养老保险费并达到规定的最低缴费年限。基本养老保险待遇以养老保险缴费为条件,并与缴费的时间长短和数额多少直接相关。

3.保证基本生活水平的原则

基本养老保险的目的是对劳动者退出劳动领域后的基本生活予以保障。保障老年人在晚年有一个稳定、可靠的生活来源,这一原则更多地强调社会公平,有利于低收入阶层。一般而言,低收入人群基本养老金替代率(指养老金相当于在职时工资收入的比例)较高,而高收入人群的替代率则相对较低。由于老年人领取养老金不是一次性的,往往采取终身、定期给付的形式。在给付期间不可避免会出现物价上涨或通货膨胀的情况。

为保障退休者的实际生活水平与整个社会消费水平相适应,国家应根据物价或通货膨胀率的变动情况,按照一定的指数标准对养老金水平进行调整。当然,劳动者还可以通过参加补充养老保险(企业年金)和个人储蓄性养老保险,获得更高的养老收入。

4.分享社会经济发展成果的原则

随着社会经济的发展,社会平均消费水平总是不断提高,在社会消费水平普遍提高的情况下,退休人员的实际生活水平有可能相对下降。因此,有必要建立基本养老金调整机制,使退休人员的收入水平随着社会经济的发展和职工工资水平的提高而不断提高,以分享社会经济发展的成果。因为老一代人过去的努力为当前经济发展奠定了基础,他们为当今的经济成果创造了条件,作出过贡献,因而,他们有理由分享经济发展成果。因此,老年社会保障的标准应当随着经济发展、社会进步等的变化而提高。

5.公平与效率兼顾的原则

公平原则就是通过养老保险制度实现收入的再分配,以体现社会公平。养老保险中的公平原则,一方面体现在实际存在的代际抚养关系上;另一方面,许多国家实行的养老金随经济发展向上调整以体现经济发展成果的政策、养老金与工资报酬关联的累退制等,这都反映了公平的原则。效率原则是指制度的设计一定要符合成本最低的要求。成本既包括经济成本,也包括社会成本。养老保险的费用,无论其来源渠道如何复杂,都是劳动者创造的。一个有效率的养老保险制度,就是要用最小的经济成本实现已达成社会共识的养老保险制度的目标。达成社会共识的目标是社会成本,由于公平与效率在一定程度上是互相矛盾的,因此,养老保险制度的设计要寻找社会公平与效率的平衡点,实现公平与效率的统一。

6.管理服务的社会化原则

按照政事分开的原则,要建立独立于企业、事业单位之外的养老保险制度,就必须对养老金实行社会化发放,并依托社区开展退休人员的管理服务工作。

7.经济援助与服务相结合的原则

根据老年人的生理和身体特点,要想获得正常、健康的生活,不但需要有稳定的生活来源、一定的经济基础,更要有符合老年人需要的生活服务相配合。而各国养老保险金的水平都不能完全保证每个老年人有条件雇佣保姆或家政服务人员,因此,养老保险在向老年人提供经济帮助的同时,有必要向他们提供一些必需的服务项目。在全球老龄化问题日益严重,老龄化已经不是某一个或几个国家面临的问题时,这一点也就变得更加重要。养老保险能否结合好经济和社会的发展而发展,将关系到养老问题的有效解决及养老保险的实施效果。

二、养老保险的基本内容

(一)养老保险的覆盖范围

养老保险的覆盖范围是指法定的适用对象和适用人群。各国因经济社会发展水平不一和制度规定的差异,其覆盖范围宽窄也有差别。虽然社会保险是针对劳动者的一项社会制度,但在有的国家中,养老保险制度却覆盖了全体国民;有些国家的养老保险只包括劳动者,是选择性保障模式。

(二)养老保险的资金来源

资金来源是养老保险制度存在和发展的物质基础。从各国养老保险制度的实践来看,养老保险费用的分摊不外乎如下四种方式:一是由雇主、雇员和国家三方共同负责的方式,这种方式运用得最为普遍;二是由雇主和雇员双方分担;三是由雇主和国家分担费用;四是完全由雇员个人负担。

总的来说,第一种方式属于多方分担,其资金来源渠道多,保险系数较大,因此得到多数国家的青睐。值得一提的是,即使是采用同一方式的国家,费用的分摊比例也会有相当大的差异,这也是由各国国情不同所决定的。

(三)养老保险基金的来源和筹集模式

养老保险的资金筹集模式主要包括现收现付制、部分积累制和完全积累制。

1.现收现付制

(1)现收现付制的涵义

现收现付是指养老金从收缴到支付都在现期(通常为 1～2 年)完成,收支现期平衡。

现收现付制的基本原理是根据横向平衡的原则,在长期稳定的人口结构下,该体制的生产性劳动人口负担老年人口的退休费用,而现有生产性劳动人口的退休费用则是由下一代生产性劳动人口负担的。因而,现收现付制正常运行的一个基本条件是长期稳定的人口结构,主要是要保持较稳定的退休者和生产者的比例。劳动者代际间收入转移与收入再分配是其经济内涵,短期收支平衡是现收现付制的基本特征。

(2)现收现付制的优点

现收现付制的优点包括四条。第一,保险费的筹集采用弹性费率,通常在一年时间里完成收缴和支付,没有巨额资金的积累,可以避免因通货膨胀而导致基金贬值的风险,保障退休金的实际货币价值。第二,财务收支短期内平衡,所以不必考虑利率因素及复杂的精算技术,简便易行,管理成本较低。第三,现收现付制互助共济功能较强。此模式采用代际收入转移的原理,具有代际收入正向再分配的功能,对工资收入低、寿命较长的参保人比较有利。第四,容易保证国民的生活水平,因为现收现付制支付水平的决定通常会考虑当时国民的生活水平。

2.完全积累制

(1)完全积累制的涵义

完全积累制又称基金制或预筹积累制。这是一种以远期纵向收支平衡为指导原则的筹资模式。它首先对有关人口平均预期寿命和社会经济发展状况进行较长期的宏观预测,然后在此基础上预测社会成员在享受保险待遇期间所需支付的保险费用总量,将其按一定比例分摊到劳动者整个就业期间或投保期间。完全积累制强调劳动者个人不同生命周期的收入再分配,即将劳动者工作期间的部分收入转移到退休期间使用。

(2)完全积累制的优点

完全积累制模式具有以下主要优点:第一,通过预提积累保险基金,有利于实现人口老龄化背景下对劳动者的经济保障;第二,具有很强的激励机制,透明度高;第三,强调劳动者个人不同生命周期收入的再分配,有利于缓和现收现付制所产生的代际矛盾;第四,有利于增加储蓄和资金积累,促进资本市场的发展,进而对经济发展具有重要的推动作用。

3.部分积累制

(1)部分积累制的涵义

部分积累制模式是一种介于现收现付制和完全积累制之间的混合模式,是一种资金筹集的创新模式。在社会保险基金的筹集中,一部分采取现收现付制,保证当前的支出需要,另一部分采取完全积累制,满足未来支付需求的不断增长。

(2)部分积累制的优点

从理论上看,这种模式首先是在维持社会统筹现收现付制框架的基础上引进了个人账户制的形式,具有激励机制和监督机制,同时又保持了社会统筹互济的机制,吸收现收现付制和完全积累制的长处,防止和克服了它们的弱点和可能出现的问题;其次,这种方式具有较大的灵活性,资金储备全面,不必完全筹足资金,可以根据具体情况而定;最后,缴纳的费(税)率也可以根据储备多少和实际需要进行调整。

在现收现付、完全积累和部分积累三种筹资模式中,各国选择的模式通常与本国的养老保险制度直接相关。目前,很多国家采用现收现付式的筹资模式,但为了适应人口老龄化的需要,积累制在部分国家开始"回归",这是因为部分积累制在应付经济变化和搞好宏观调控方面具有较多优势。

(四)养老保险的缴费与给付

1.养老保险金的缴费模式

养老保险的缴费模式包括给付确定模式和缴费确定模式。

所谓给付确定模式,是先设定养老保险金为保障一定的生活水平需要达到的替代率,以此确定养老保险金的给付标准,再结合相关影响因素进行测算,来确定养老保险费的征缴比例。因此,这种模式实质上是"以支定收"模式。给付确定模式维持的是短期内的横向平衡,一般没有结余,这种模式总是和现收现付模式联系在一起。

所谓缴费确定模式,是结合未来的养老负担、基金的保值增值、通货膨胀率、企业的合理负担、现行劳动力市场和工资水平等因素,经过预测,确定一个相当长时期内比较稳定的缴费比例或标准,再根据这个缴费标准来筹集养老保险基金,并完全或部分地存入劳动者的个人账户,在劳动者失去劳动能力后,以其个人账户中的金额作为养老保险金或养老保险金的一部分。这种模式实质上是"以收定支"。缴费确定模式维持的是长期的纵向平衡。这种模式总是和完全积累或部分积累模式联系在一起。

2.养老保险金的给付水平和确定模式

养老保险金的给付是指各国养老保险机构依据本国法律法规的规定,确定养老金的给付范围、项目、标准等。按养老保险金的给付标准是否与享有者工作期间的收入水平有关,可将养老保险划分为普遍生活保障模式和收入关联模式。

普遍生活保险保障式强调对所有老年居民提供养老保险,养老保险金的标准是统一、均等的,水平高低与消费水平有关,与老年人是否为工薪阶层劳动者、退休前工资收入高或低、职业是否稳定等没有关系,一般是保障基本生活水平。

收入关联模式强调社会保险费一般由雇主、雇员和国家三方共同负担,社会保险的缴费额度和养老保险金的给付标准都与劳动者退休前的工资收入有关。由于这是一种与收入水平有关联的制度模式,也就自然而然地将非工薪阶层,如农民排除在这种模式安排的养老保险制度之外。与普遍生活保障模式相比,收入关联模式更强调权利与义务的平衡。

3. 养老保险金的精算

精算科学是保险和社会保障事业建立和健康运作的数理基础,它以概率论和数理统计为基础,与社会、经济的有关科学相结合,对风险事件进行评价,对各种经济安全方案的未来财务收支和债务水平进行估计,使经济安全方案建立在稳定的财务基础上。精算科学也是养老保险制度建立和健康运作的基础。在现收现付制下,需要估计一定时期的给付支出,以与收入相对应。为了避免人口老龄化所引起的制度成本迅速上升,需要预先建立一定的积累基金,使计划在长期内实现收支平衡,这需要进行长期收支的估计和长期精算平衡分析。

在积累制下,如果采取给付确定制,就需要根据承诺的给付水平和各年龄死亡率等风险因素,运用精算技术,对成本和债务水平进行定期估计,并使基金与债务相对应,保持养老保险的偿付能力。如果采取缴费确定制,在计划设计时,就需要根据一定的待遇目标和预定利率估计缴费水平,在计划运作中,需要根据投资组合的回报率估计未来的基金积累水平。在养老保险制度从现收现付制向积累制转换时,需要估计过去隐藏在现收现付制下的养老金债务水平,并研究可能的债务分摊方法和不同分摊方法对新制度财务的影响,这些分析的估计都需要运用精算技术。由此可见,精算是养老保险建立、转轨和保持长期稳定发展的数理分析基础,是养老保险的短期成本核算债务估计和长期财务预测分析的基础。

养老保险金的精算主要应考虑两个因素:人口年龄结构和经济发展状况。根据人口普查、人口登记等资料,统计分析得到总人口中各个年龄组人口所占的比重,从而推断出退休费用的负担变化情况。一般而言,在发展中国家,由于出生率、死亡率较高,平均寿命较短,人口年龄结构年轻化,劳动力人口比重大,因此,养老金支付额不高。在发达国家,由于出生率、死亡率较低,平均寿命较长,人口年龄结构老龄化比较严重,老年抚养比较高,因此,需要支付的养老金数额越来越大。经济发展状况会影响职工的收入、退休年龄的变化、物价指数、银行利率等,这些都会对养老金的筹集和支付带来直接或间接的影响。

综合考虑以上各方面影响因素后,将退休费用定量化,必须确定 5 个"基础率",即预定死亡率(通过编制专用人口生命表测出)、预定退休率(由职工队伍的年龄结构和退休年龄标准决定)、预定新增就业率(由劳动力资源和就业需求决定)、预定工资率(由工资变化的趋势决定)、预定利率。之后,根据收支平衡的原则确定基金数额及其他。随着各国养老保险事业的发展,年金的精算作用日益显著,逐渐发展成为一门综合人口学、统计学、金融学和劳动经济学的边缘学科。

(五)养老保险基金的管理

养老保险基金数额巨大,不仅直接关系退休人员的生活保障,而且会对整个经济生活产生一定的影响,更事关社会的稳定。因此,各国在管理养老保险基金的问题上都采取了非常严格的限制。一般来说,养老保险基金的运营和管理需要注意安全性和收益性的结合。这就要求养老保险基金的管理必须按照国家法律法规的规定,确保资金的保值,并且在此基础上做到资金增值。

养老保险基金的投资模式往往和基金的筹资方式紧密联系在一起,如强制性完全积累型养老保障制度的投资运作主要有四种模式:一是对于缴费确定型个人账户,由投资管理公司分散管理。二是通过个人缴费建立基金。三是强制性职业养老金,通常要求建立缴费确定型个人账户进行积累。四是社会保障信托基金,基本上是服务于待遇确定的现收现付型养老保障制度,很多国家都用社会保障信托基金来填平由于养老保险收支不平衡带来的尖锐债务问题。

(六)养老保险的实施方式

1. 我国基本养老保险基金的筹集办法

我国现阶段城镇职工、机关事业单位工作人员、城镇居民、农村居民等不同群体的基本养老保险基金分别实行不同的筹集与管理办法。

(1)我国城镇职工的基本养老保险基金的来源

城镇职工的基本养老基金的来源有三个:一是企业缴纳的基本养老

保险费,二是个人缴纳的基本养老保险费,三是国家财政补贴。城镇职工基本养老保险基金由政府根据支付费用的实际需要和企业、职工的承受能力按照以支定收,略有结余,留有部分积累的原则统一筹集,具体的提取比例和积累率由省、自治区、直辖市人民政府经实际测算后确定,并报国务院备案。

(2)机关事业单位职工

机关事业单位职工的基本养老保险基金筹集来源目前是多渠道的,机关及全额拨款事业单位由国家财政统一拨付,现支现付;自收自支事业单位由自己筹集;部分拨款的事业单位大部分靠自己筹集。机关事业单位的基本养老保险基金筹集办法还有待进一步的改革。

(3)城镇居民

城镇居民养老保险基金筹资结构与新农保大体一致,没有集体"补助"一项,但也鼓励社会经济组织为个人缴费提供资助。

(4)农村人口

我国农村社会养老保险采取了个人账户储备积累的模式,基金筹集由个人缴费、集体补助、国家补贴三个来源。

2. 国家对基本养老基金的支持

国家对保持养老保险基金的收支平衡起着重要的作用。一方面,国家对基本养老保险基金的支持体现在允许用人单位缴纳的养老保险费在税前列支;另一方面,当养老保险基金出现支付困难时,财政直接给予补贴。

3. 实施基本养老保险基金的财政专户管理

基本养老保险基金财政专户管理,即对社会保险基金实行"收支两条线"。社会保险基金的征缴收入及各级政府的补助资金全部存在社会保障基金财政专户。在社会保险项目支出时,由社会保险经办机构提出支付计划,经财政部门审核后,将所需资金由财政专户划拨到社会保险经办部门开设的社会保险基金专户,由社会保险经办机构组织发放。

实施基本养老保险基金的财政专户管理是国家加强对社会保障基金严格管理的重要措施之一。要实行社会保险行政管理与基金管理分开,执行机构与监督机构分设的管理体制,管理社会保险基金一律由社会保险经办机构负责。国家要建立社会保障预算制度,基本养老保险基金纳入单独的社会保障基金财政专户,实行收支两条线管理,明确社会保险经办机构、劳动保障行政管理部门、财政部门、银行、审计部门各自的职责和权力。对社会保障基金严格实行管理,从制度上杜绝了个别部门和个人侵占挪用社会保障基金的违法行为,增加了基金管理的透明度,确保了社会保障基金的安全。

4. 建立财政补助机制与实施国家社保基金战略储备计划

为解决我国基本养老金的支付缺口问题和应对人口老龄化高峰的挑战,我国自20世纪末开始建立财政补助机制和实施国家社保基金战略储备计划。

(1)建立财政补助机制是我国基本养老保险制度发展的实际需要。面对养老金发放的巨大压力,为确保基本养老金按时足额发放,中央财政开始通过转移支付,对财政确有困难的中西部地区和老工业基地的养老保险资金缺口给予补助。财政补助机制的建立,进一步明确了社会保障责任,加大了基金的调剂力度,有效地解决了基本养老保险资金缺口问题,为确保基本养老金的发放提供了强有力的资金保障。

(2)为了满足社会保障资金日益增长的需要,同时为应对老龄化做好资金储备,在不宜提高缴费标准的情况下,国家有必要从多种渠道筹集和积累一定量的资金。社会保障基金的主要任务是管理中央财政拨入的、通过变现部分国有资产获得的以及其他形式筹集的资金(如发行彩票的收入);根据财政部与人力资源和社会保障部共同下达的指令和确定的方式拨出资金;挑选、委托专业性的资产管理公司对基金的资产进行运作,以实现其保值增值;向社会公布社会保障基金的资产、收益、现金流量等情况。社会保障基金的投资方式是直接运作与委托投资管理人运作相结合。委托投资管理人管理和运作的基金资产由理事会选择的托管人托管。通过战略和战术性资产配置对资产结构实行比例控制。全国社会保障基金可在境内和境外进行投资,境内投资范围包括银行存款、债券、信托投资、资产证券化产品、股票、证券投资基金、股权投资和产业投资基金等。境外投资范围包括银行存款、银行票据、大额可转让存单等货币市场产品，债券、股票、证券投资基金以及用于风险管理的掉期、远期等衍生金融工具。

三、养老保险的改革方向

（一）坚持以公平为主的立法理念

公平是养老保险制度中最基本的价值理念和立法原则。养老保险制度的公平性包括代内公平与代际公平两个重要形式。代内公平是当代人之间的横向公平，代际公平则是当代人与后代人之间的纵向公平。养老保险制度要实现公平，必须既实现代内公平又实现代际公平。代内公平表现在城乡之间、地区之间、不同社会人群之间。代际公平是指代与代之间的社会保障责任与收益的公平，可以是缴费标准的公平，也可以是受益标准的公平。养老保险公平的立法理念应打破城乡分割、区域分割、社会人群分割的现状，建立广覆盖、保基本、多层次的养老保险制度。社会养老保险本质上是以追求社会公平为目的的财富再分配过程，是利益的再调整。我国养老保险制度的改革应确立以公平为导向，其最终目标是打破城乡分割、区域分割、单位限制，在未来建立统筹区域、统筹城乡的社会养老保障体系。

（二）完善养老保险法律制度的建设

虽然经过数年的探索，我国养老保险制度的发展已经取得了很大进展，改革的目标和方向也基本确定，并建立了一套比较完整的养老保险法律体系。例如，城镇职工养老保险中的空账问题、城乡居民基本养老保险之间的待遇差距、养老保险基金的保值增值等都需要进一步的改革与完善，并提出方案加以解决。

（三）实现养老保险关系的顺畅转移接续

我国现行的基本养老保险制度种类繁多，造成了养老保险关系在城乡之间、区域之间、行业之间转移接续面临一定的困难。尤其是在城镇化、就业形式多样化和劳动力流动日益频繁的形势下，养老保险权益转移和接续问题变得越来越突出。养老保险权益转移接续的顺畅是一国社会养老保险制度持续运行的内在要求,是确保参保人权益不受损害的重要措施,是改革和完善我国社会保障制度的重要内容,对于构建公平合理的社会保障制度、更好地发挥养老保险制度的功能和作用、实现劳动力人口的自由流动具有现实意义。

第二节　医疗保险及发展

一、医疗保险概述

(一)医疗保险的概念

医疗保险是指国家通过立法手段强制实施的,旨在化解社会成员面临的疾病风险,以保障其基本医疗费用支出安全的一项社会保险制度。保险是指按约定的条件和给定的费率对可能发生的事件(如死亡、火灾、水灾、事故或疾病)引起的损失或破坏提供补偿的一种业务。医疗保险则是在一定筹资方式下专门针对疾病引起的损失风险进行补偿,根据补偿的范围,医疗保险有狭义和广义之分。狭义的医疗保险仅对疾病诊治发生的医疗费用进行补偿;广义的医疗保险不仅包括对疾病给人们带来的直接经济损失进行补偿,还包括对间接经济损失的补偿,如误工工资、生活照顾等。通常所说的医疗保险是狭义的。医疗保险可以分为法定医疗保险和商业医疗保险,前者属于社会保障的范畴,是国家通过立法和行政措施设立的、旨在保证社会成员基本医疗服务需要的保险制度;后者则是根据市场原则建立起来的保险机制。

(二)医疗保险的涵义

1.医疗保险的主要责任主体

医疗保险的主要责任主体是国家。国家在医疗保险中的责任包括四个方面:一是为医疗保险提供完备的法律框架。例如,可以明确医疗保险法规的立法理念和基本原则,界定医疗保险法的渊源,理顺法律关系,提升法律效力,推动医疗保险法制的建设等。二是对医疗保险制度进行整体规划。例如,依据本国国情确定医疗保险制度的筹资模式、给付水平和管理体制等。三是为医疗保险提供财政支持。例如,对其缴费提供税收优惠,对其基金提供投资优惠,填补基金收支缺口等。四是对医疗保险产权进行明晰界定,对各方的权利和义务进行合理的划分。

2.医疗保险的实施手段

医疗保险实施的手段是法律。医疗保险既是国家对劳动者(或其他国民)履行的义务,又是劳动者(或其他国民)运用这一宪法规定的基本权利实现物质帮助的重要途径。既然涉及权利与义务关系,就理所当然地要制定相关的法律来调整,这就出现了医疗保险法。可见,医疗保险借助法律法规来体现国家的责任、规范其他参与主体的权利和义务,以保证医疗保险的具体实施。

3.医疗保险的目的

医疗保险的目的是化解社会成员面临的疾病风险。疾病风险是诸多社会风险中的一种。医疗保险通过为面临疾病风险的人群筹集适当的医药服务费用,在其他条件不变的情况下增强了这些人群对医疗服务的可及性,从而在一定程度上达到了化解其面临的疾病风险的目的。

4.医疗保险的目标

医疗保险的目标是保障基本医疗费用支出的安全,有多种因素影响健康。医疗保险是通过为被保险人支付一部分医疗费用的方式来影响卫生保健服务,从而实现健康的增加。卫生经济学的基本理论表明,医疗保险的共保率在20%时,就可以保障基本医疗费用支出的安全。

(三)医疗保险的特征

医疗保险是为保险对象在患病时提供经济或服务保障、抵御疾病风险而建立的由专门的组织或机构经办,依照具体法律法规执行的一种保险制度。医疗保险制度作为社会保障制度的一个具体项目具有社会性、强制性、福利性和互济性等社会保障的共同特征。此外,医疗保险还具有其他一些社会保险制度所不具备的特性。

1.普遍性

医疗保险的对象是全体社会成员,或规定范围的全部人群,不论参保人的年龄大小、健康状况如何,只要符合条件均可参加。医疗保险是社会保险系统中保障对象最为广泛的项目,因为其分散的是社会成员面临的疾病风险,与其他社会风险不同,疾病风险可能发生于任何人、生命周期中的任何阶段。其他社会风险的发生通常不同时具备上述特征。例如,虽然每个人都会面临年老的风险,但是年老的风险通常发生在人们进入老年生活期之后;失业风险只会在劳动适龄年龄阶段时才有可能发生;工伤风险仅发生在基于工作关系而出现的意外事故和患有职业病的部分劳动者身上,当然也只有在生命周期中的劳动年龄阶段才可能发生;生育风险会在处于生育年龄阶段的部分女性群体中发生。由此可见,用于分散疾病风险的医疗保险无论是从保障对象的数量,还是从保障实施的阶段来看都具有普遍性的特点,涉及所有国民,贯穿生命周期的全过程。

2.复杂性

医疗保险的复杂性主要是由参与主体的多元性决定的,与其他社会保险项目相比,医疗保险的参与主体最多,通常由雇主、雇员、医疗服务机构以及社会保险经办机构的直接参与。他们之间的关系是雇主和雇员按照相关规定向社会保险经办机构缴纳医疗保险费,当雇员发生疾病后,可以到医疗服务机构接受相应的服务,医疗服务机构有权从社会保险经办机构获得其所提供医疗服务的相应报酬。除了这五个直接的参与主体外,还有许多间接的参与主体也会影响医疗保险的实施,它们分别是药品生产商、医疗器械生产商、药品流通商、医疗器械流通商、医疗服务机构的代理者——医生等。

3.公平性

以不同标准为依据可以对健康服务领域的公平做不同的分类。以实现公平为依据其医疗服务包括水平公平和垂直公平两个方面。水平公平的标准包括四个方面:一是相等的需要有相等的支出。例如,在所有的急性病医院每个病床的护理成本比率相等。二是相等的需要有相等的利用。例如,在同等健康条件下相等的治疗时间。三是相等的需要有相等的可及性。例如,在同等条件下病人接受治疗前的等待时间相同。四是减少健康的不平等性。例如,不同地区应该有相同的年龄和性别调整的死亡率。垂直公平的标准包括两个方面：一是不相等的需要有不相等的治疗。例如，那些轻微患者与病情严重的患者应该采取不同的治疗办法。二是建立在支付能力上的累进筹资办法。例如，采取累进收入税或者主要的收入税融资。医疗保险作为实现健康服务的一个手段，在筹资方面和待遇支付方面坚持了"相等的需要有相等的支出、建立在支付能力上的累进筹资办法"的原则，符合医疗服务领域水平公平和垂直公平的标准。

4. 短期性和经常性

医疗保险补偿的短期性和经常性与疾病发生的特点密切相关。或者说，疾病发生的特点决定了医疗保险补偿的特点。疾病是随机发生的不确定性事件。从被保险人来看，单个人单次患病时间通常不会太长，从而使医疗保险的补偿期也较短；从全社会来看，相同或者不相同类型的疾病会经常发生，这使医疗保险补偿具有经常性的特点。

5. 对象受益的长期性

由于疾病的发生是随机的、突发的，一次生病的时间通常也不会太长，所以每次的补偿期也比较短。不过，由于人的一生中不可避免地要生病，医疗保险也就会伴随参加保险人员的一生，医疗保险补偿也只能是短期的、经常性的。这一点显然与其他社会保险有很大区别，如养老保险和生育保险，是长期的或有限次数的。从这个意义上讲，医疗保险不仅会惠及所有参加保险的人员，而且自其参加保险之日起便伴随一生，可以说是收益时间最长的社会保障项目。

6. 待遇的形式是提供医疗服务

与其他社会保险项目中强调保险金的现金给付不同。医疗保险虽然也是通过支付医疗费用进行经济补偿，但其待遇的形式实际上是提供具有专门性、复杂性的医疗技术服务，即劳动者在非因工受伤和生病后能够得到及时和必要的医疗救治。因此，在医疗保险中，保险基金可以直接将保险金补偿给医疗机构，甚至可由全社会直接利用保险基金来组织并向劳动者提供必要的医疗服务。

7. 待遇支付形式为非定额的费用补偿

医疗保险是一种医疗费用补偿机制，它通过为参加保险的人员提供相应的医疗服务来达到恢复患者健康的目的,这种费用补偿待遇与缴费多少无关而与医疗费用直接相关,即患者获得的费用补偿不取决于其缴过多少医疗保险费,而是取决于其疾病发生的频率以及实际需要。因此,医疗保险的待遇不同于养老、失业保险实行标准的定额支付,而是依据每个患者疾病的实际情况确定补偿限度。由于伤病本身的复杂性,保险金给付额在人与人之间有很大差别,加上医疗服务提供方的影响,费用控制非常困难。

8. 补偿期短,但受益时间长

由于疾病的发生具有随机性和不可预测性,医疗保险提供的补偿也具有不确定性,一次生病的时间通常不会太长,从而每次的补偿期较短;不过,由于人的一生中不可避免地要生病,医疗保险也就会伴随参加保险人员的一生,这一点显然与社会保险有很大区别,如养老保险是劳动者退休后才能享受,失业保险只在失业期间才能享受,工伤保险只在工伤事件发生后才能享受,生育保险享受待遇的次数也非常有限。从这个意义上讲,医疗保险不仅会惠及所有参加保险的人员,而且自其参加保险之日起将伴随其一生,可以说是受益时间最长的社会保障项目。

9. 涉及主体多,结构复杂

其他几种社会保险制度往往只涉及投保和管理机构两方,而医疗保险项目的实施必须有第三方,即医疗方或医药方共同的参与方可实施。医疗保险涉及用人单位、医疗机构、社会保险机构、医药机构和患者个人等多方之间复杂的权利义务关系,要处理好这样复杂的关系,必然需要兼顾各方主体的权益并使各利益主体间形成一种制衡机制。因此,医疗保险制度的有效性不仅取决于其本身的科学、合理性,同时还与公共卫生资源的合理配置、医疗机构、医药流通体制等紧密相关。医疗保险制度的复杂性还表现在医疗方与患者之间的信息不对称,再加上由社会保险机构(第三方)付费,这就存在着先天的约束不足。医疗保险的复杂性决定了制度实践的难度很大。为了确保医疗保险基金的合理使用和正常运转,医疗社会保险必须设计相应的制度机制,对医疗服务的享受者和提供者的行为进行合理引导和控制,这在其他社会保险制度中是不常见的。

医疗保险的上述特征,是它作为一个独立的社会保险项目的本源特性,也是它区别于其他社会保险项目的基本特征。

(四)医疗保险系统的主体及关系

1.医疗保险系统的主体

医疗保险主要由被保险人、医疗保险机构、医疗服务提供机构等要素组成,是以规范医疗保险费用的筹集、医疗服务的提供、医疗费用的支付为功能的有机整体。

(1)被保险人

被保险人是医疗保险的需求者和医疗服务的需求者,他们按规定向医疗保险机构缴纳保险费并签订医疗保险合同,当保险责任发生时,他们有权向医疗保险机构获取医疗费用偿付。

(2)医疗保险机构

医疗保险机构是指在医疗保险工作中具体负责承办医疗保险费用的筹集、管理和支付医疗保险业务的机构,它是签订医疗保险合同的一方当事人,是收取医疗保险费用并按照合同规定,当保险责任发生时,负责偿付参保人医疗费用支出的法人。

(3)医疗服务机构

医疗服务机构是指为参保人员提供诊断治疗的医疗机构,包括定点医疗机构和定点零售药店。被保险人就诊后,医疗服务机构按照医疗保险合同规定的服务项目对医疗费进行计算,并由医疗保险机构审议支付。

2.医疗保险系统各主体的关系

在医疗保险系统中,各主体围绕着保险基金的筹集和医疗费用的补偿问题相互作用、相互影响。各主体之间的关系主要体现在以下几个方面。

(1)被保险人与医疗保险机构之间

在医疗保险系统中,被保险人向医疗保险机构缴纳保险费(税),通过保险合同向保险机构要求获得保险服务,医疗保险机构以保险给付清单等形式提供保险服务。

（2）被保险人与医疗服务机构之间

在保险合同对病人与其所选择的服务提供者的行为进行约束的前提下，被保险人从医疗服务机构那里选择自己所需要的医疗服务，支付一定费用，接受医疗服务提供者所提供的服务。

（3）医疗保险机构与医疗服务机构之间

医疗保险机构为参保人确定医疗服务的范围，并通过一定的支付形式向医疗服务提供者支付医疗费用，同时还要对医疗服务质量进行监督。

（五）医疗保险的建立原则

1.社会共同分担风险原则

在现代社会，劳动者已不再是家庭劳动力，而是社会劳动力，社会化大生产中劳动力的修复，也必须依靠社会力量，即依靠医疗保险来分担，因为仅靠个人的力量去抵抗疾病的风险是远远不够的。从企业的角度来看，各个企业的医疗费用负担也不平衡。实行医疗保险后，医疗费用负担在企业间共济互助，为企业创造一种公平竞争的环境，这也正是现代企业制度所要求的。

2.保障国民公平享有健康权利原则

医疗保险是以保障人们平等的健康权利为目的的。参加医疗保险的每个成员，不论其缴费多少，都有权得到所规定的医疗服务。社会医疗保险是义务医疗保险，也是基本医疗保险，基本医疗是指基本用药、基本技术、基本服务、基本收费。具体地说，是医疗保险规定范围内的医疗服务。基本医疗保险只能提供基本的医疗保障，缴纳的医疗保险费只能维持基本医疗费用支出。

3.公平与效率相结合原则

公平与效率相结合原则是指医疗保险既要体现公平，又要兼顾效率。公平性可以理解为无论是患"大病"或"小病"，无论按规定比例缴纳的医疗保险费金额是多少，无论什么职业，享受的基本医疗保险待遇基本上都一样。效率主要是指筹集医疗保险基金的效率和节约卫生资源、减少浪费的效率。我国医疗保险制度改革实行社会统筹与个人账户相结合，实现了公平与效率的有机结合。

4.以支定收、量入为出、收支平衡、略有积累原则

征收医疗保险费的原则是"以支定收"。在确定医疗保险费标准时，应考虑以往的医疗费用实际支出，尤其是医疗费用的上涨速度。医疗保险基金使用的原则是"量入为出"。即医疗保险费标准一旦被确定下来后，只能量入为出。医疗保险机构一定要根据医疗保险基金的经济实力，决定偿付标准的高低。"收支平衡"是医疗保险基金运营的基本要求。"略有积累"是医疗保险未来发展的要求，积累部分资金，一是以备疾病的大流行时用，主要针对急性传染病；二是以备职工队伍年龄老化时用，主要针对慢性病。

5.保险费用实行三方负担制原则

国家、单位、个人三方负担制原则含有两层意思：一是医疗保险基金由国家、单位、个人三方面共同筹资，改变公费医疗经费完全由财政支付、劳保医疗经费完全由企业支付的局面。二是医疗费用由国家、单位、个人三方面负担，有利于使劳动者的病伤得到及时、有效地医治，有利于消除或减轻劳动者及其家属由于患病或负伤而在经济或精神上产生的负担，有利于增强患者的费用意识和保证劳动者及其家庭的正常生活。

（六）医疗保险的筹资机制

医疗保险基金是指通过法律或合同的形式，由参加医疗保险的企事业单位、机关团体或个人在事先确定的缴费比例下，按规定数量缴纳的医疗保险费汇集而成的、为被保险人提供基本医疗保障的一种货币资金。医疗保险基金是由医疗保险机构经营和管理，用于偿付保险合同规定范围内的参保人因疾病、伤残或生育等产生的全部或部分医疗费用的专项资金。

1.医疗保险的筹资原则

医疗保险基金筹集是将医疗保险费集中起来，建立医疗保险基金，用于支付被保险人医疗费用的一种经济机制。一般来说，医疗保险采取现收现付制的筹资模式，即通过以收定支使社会保险收入与支出在年度内

大体平衡。它的优点有三个方面：一是费率调整灵活，易于操作。二是有助于保险费随物价或收入的波动而调整，可以避免货币贬值的风险。三是通过收入调节与再分配，在一定程度上有助于体现社会保险的共济性与福利性。为避免频繁地调整缴费水平，防止短期内可能出现的收支波动，采取现收现付制的医疗保险基金一般也要保留小部分流动储备基金。

2.医疗保险的筹资来源

医疗保险的筹资渠道主要包括雇主和雇员的缴费、基金利息收入、捐赠收入、滞纳金等其他方面的收入。国家作为社会政策的制定者和重要社会事务的管理者，不仅有责任组织建立医疗社会保险制度，还要在特殊情况下承担对医疗保险基金的补助，并承担最终的经济责任。我国目前实施的城镇居民医保和新农合模式，在财政上对参保人缴费都有补助。个人、单位、国家在医疗社会保险资金来源中各占多大比重，各国不同；医疗社会保险从各方面筹集资金的方式和水平对其运行及效果有着重要影响。

3.医疗保险的财务模式

医疗保险的财务模式和其他社会保险一样，不外乎是完全基金制、现收现付制和部分基金制三种模式。完全基金制是指在以收定支的原则下，由投保人按照规定的费率定期将一定的保险费用缴纳给医疗保险基金管理部门，在被保险人发生医疗费用后从其得到部分补偿的一种资金筹集模式。它追求基金的长期纵向平衡，缴费率通常比较稳定，但在确定缴费率前需要进行科学的测算，不同人群间缺乏互济功能。现收现付制是指在以支定收的原则下，由投保人按照规定的费率定期将一定的保险费用缴纳给医疗保险基金管理部门，在被保险人发生医疗费用后从其得到部分补偿的一种资金筹集模式。它追求基金的短期横向平衡，没有长期规划，稳定性较差，缴费率通常灵活多变，不同人群间的互济功能强。部分基金制是完全基金制和现收现付制的混合，它在一定程度上同时具有了完全基金制和现收现付制的特点。由于疾病发生的不确定性带来的影响，世界大多数国家在社会医疗保险领域均采用的是现收现付制的财务模式,我国城镇职工基本医疗保险实行的是社会统筹与个人账户相结合的部分基金制的财务模式。

4.医疗保险的筹资方式

社会医疗保险的缴费方式通常分为定额缴费和比例缴费。定额缴费是指定期以固定金额向承担缴费义务者筹集社会医疗保险资金,比例缴费是指定期按照某项收入(通常是工资)的一定比例向承担缴费义务者筹集社会医疗保险资金。各国家采取的缴费方式不尽相同,即使在同一个国家,不同的社会医疗保险项目其缴费方式也可能不一样。大多数国家通常采用比例缴费方式。保险费缴纳有固定保险费金额、与工资挂钩、与收入挂钩、按区域缴纳,其中,最通常采用的方式是与工资挂钩,即以工薪税的方式缴纳。这种方式的优点考虑了每个人的支付能力,使每个人都能支付得起医疗保险费;有利于控制职工基本医疗保险筹资与工资收入的相对水平;有利于建立随工资水平变化而联动调整医疗保险筹资水平的自然调整机制。不仅如此,由于社会人群收入差距的拉大,这种筹资方式的收入再分配意义更加明显。个人和单位可以按相同比例缴纳,也可以按不同比例缴纳,雇主缴纳的保险费往往比雇员多。

二、医疗保险的制度模式

由于各国历史背景不同,医疗保险的模式也不同。根据各国医疗服务提供方式和医疗保险费用渠道等因素的不同,医疗保险制度主要分为国家医疗保险模式、社会医疗保险模式、集资医疗保险模式、储蓄医疗保险模式、商业医疗保险模式、混合医疗保险模式等。

(一)国家医疗保险模式

国家医疗保险模式也称为全民医疗保险模式,是指通过税收形式筹措医疗保险基金,采取预算拨款给医疗机构的形式向全体公民提供免费或低收费的医疗服务模式。实行国家医疗保险模式的国家均为公立医疗机构提供各种医疗服务。医疗服务的获得具有国家垄断性,在公立医疗机构里工作的医务人员的工资由国家财政负担。国家医疗保险模式的主要特征如下所述。第一,医疗保险的对象是全体公民,医疗服务福利化;第二,医疗保险基金绝大部分来源于国家财政预算;第三,医疗服务具有国家垄断性。

实行国家医疗保险模式的优点是大大降低了个人和企业的医疗负担,可以最大限度地确保公民的健康。

(二)社会医疗保险模式

社会医疗保险模式是国家通过立法形式强制实施的,由雇主和个人按一定比例缴纳医疗保险费用建立社会保险基金,用于支付雇员及其家属医疗费用的一种医疗保险制度。国家采取税前方式提供支持,必要时由国家实行财政兜底。其特征如下。第一,社会医疗保险主要由雇主按单位职工总额和个人收入的相应比例共同缴纳,同时政府给予一定的补助;第二,医疗保险基金的筹措和支付实行以支定收、以收定付、收支平衡的原则。

社会医疗保险模式的优点有两方面:其一,互助互济,风险分担,实质上是高收入者的一部分收入向低收入者转移,健康者的一部分收入向多病者转移,也是个人收入的再分配,以实现社会的稳定与和谐为目标;其二,医疗保险机构同医疗机构建立了契约关系,能够促进医院提供优质的医疗服务。

(三)储蓄医疗保险模式

储蓄医疗保险模式是强制性储蓄保险的一种形式,其筹集医疗保险基金的形式既不是强制性的纳税,也不是强制性的缴纳医疗保险费或自愿购买医疗保险,而是依据法律规定,强制劳方或劳资双方缴费,以雇员的名义建立保健储蓄账户,用于支付医疗费用的一种制度。储蓄医疗保险的主要特点如下。

第一,强制储蓄。其目的在于帮助新加坡的个人储蓄支付本人及家属的住院费用,为未来的医疗费用而储蓄。因此,病人享受医疗服务的水平越高,付费也应该越多,这样既能鼓励储蓄者审慎地利用卫生资源,又能使其在必要时可以使用高等病房或者私人医院。

第二，费用支付限定。保健储蓄账户的存款可以用作支付本人及家庭成员的住院治病和部分昂贵的门诊检查治疗项目的费用，同时还规定了住院支付费用的限额。之所以这样规定，是为了防止个人保健储蓄者过早地用完保健储蓄金，也为了使病人在享受高级医疗服务时自己掏一部分腰包，以助其增强费用意识。

第三，纵向积累。由于这一模式要求每一代人都要解决自身的医疗保健需要，避免上一代人的医疗保健费用转移到下一代人身上，因此，这种以储蓄为基础的医疗保险具有纵向累积功能，能更好地解决老龄人口医疗保健需要的筹资问题。这种以储蓄为基础的医疗保险，要求患者用自己的钱支付其医疗消费。这样一来，医疗服务的费用承担并没有转嫁到第三方付款人身上，有利于提高个人的责任感，激励人们审慎地享有医疗服务，也可避免医疗服务的过度浪费。

(四)商业医疗保险模式

商业医疗保险模式是指由商业保险公司承办，以盈利为目的，把医疗保险和医疗服务作为商品投放医疗保险市场和医疗服务市场，按市场机制自由经营的一种医疗保险模式。其医疗保险基金的筹措不是强制性的，而是由投保人自愿选择保险项目，自愿缴纳相应的医疗保险费用。商业医疗保险的投保方式既可以是个人、企业，也可以是民间团体，提供方是民间团体或私人保险公司。

该模式的主要特征如下。

第一，医疗保险是一种商品。其供求关系由市场进行调节，保险机构根据社会的多层次需求，以形式灵活多样的保险产品与保险提供方式来满足不同人群的所需。

第二，个人或企业自愿投保，共同分担意外事故所造成的经济损失。

第三，保险与被保险双方签订合同，双方履行合同规定的权利和义务。

该模式的优点是能够满足不同社会阶层对医疗服务的需求；公民自

由选择商业医疗保险机构,可以使其在价格和服务质量上相互竞争。

(五)混合医疗保险模式

混合医疗保险模式主要是指医疗保险模式可能具有多种医疗保险模式的特征,但又不完全等同于某一主要模式。例如,既有国家医疗保险模式为公民提供的免费性质的医疗服务,又有私立医疗机构为公民提供的营利性质的医疗服务。从医疗保障的覆盖范围看,我国目前对城镇居民与农村居民分别提供水平差异很大的医疗保障,城市居民可以有比较完善的医疗保险。即城市居民可以享受公费医疗保险、劳保医疗保险和城镇居民医疗保险,而农村居民只能获得农村合作医疗保险、大病住院费用等方面的帮助,这实际上就是混合医疗保险。

三、医疗保险的给付项目与支付方式

(一)医疗保险的给付项目

1.医疗保险的给付原则

医疗保险的给付是指被保险人生病后,医疗保险机构按照事先规定的给付条件和待遇标准,向被保险人提供医疗服务或为其报销医疗费用的行为。

医疗保险费用的偿付由医疗社会保险机构负责实施,在费用偿付的过程中遵循的基本原则有以下几点。

(1)权利与义务对等原则

国家通过法律强制实施医疗保险,任何单位及其个人都必须依法参加医疗保险,参保者在发生疾病后有从医疗保险机构或医疗服务机构得到经济补偿或医疗服务的权利,但是个人、单位也应按照法律规定履行缴纳医疗保险费的义务,无故停止缴费将丧失发生疾病后享受医疗保险偿付的权利。同样,对于定点医疗机构,获得医疗服务经济补偿的权利也是和其必须为参保者提供安全、快捷、周到的医疗服务的义务相对应的。

(2)按时、足额、合理偿付原则

医疗保险费用的偿付应按照医疗保险有关合同的规定,按时、足额、合理地进行偿付。所谓合理偿付,就是必须限定在医疗保险保障范围内发生的费用;应以参保人实际发生或支出的医疗费用为限;偿付仅限于参保人患病就医所发生的直接医疗费用,对不是由疾病直接造成的费用,如就医路费、伙食费等,医疗保险机构均不承担费用偿付的责任;不能偿付给未参保的人;不属于医疗保险覆盖范围,或属于覆盖范围但没有参保,或参加医疗社会保险但没有按时、足额缴纳保险费的,均没有理由和权利享受医疗社会保险的费用偿付。

医疗保险费用偿付规定的条件,即给付条件,是指被保险人获得医疗服务给付的资格、应履行的手续及应遵守的规章制度,如医疗凭证、定点就医、逐级转诊等。被保险人生病时,只有符合事先规定的给付条件,才能获得偿付。医疗保险待遇标准是指法律上规定的被保险人能够享受的医疗给付水平。这里有两层含义:一是在法律上,所有被保险人都享有同等待遇的权利。如果被保险人被剥夺了这种权利,可以诉诸法律。二是被保险人实际得到的待遇依被保险人的病情需要而定,并非人人均等。医疗社会保险给付的待遇标准不是一成不变的,随着医疗需要的变化以及经济发展,可以做相应的调整。

2.医疗保险的给付项目及其发展趋势

医疗保险给付主要采取医疗服务的形式。医疗服务内容习惯上分为下列几项:①一般医疗服务,包括住院服务、通科医师服务、专科医师服务、辅助性服务(如 X 光、化验等实验室检查)、视力检查和配镜、救护车服务、护理服务、康复服务等。②牙科保健,包括牙科检查、牙齿修复。③精神卫生,包括心理咨询、治疗和监护。④预防保健,包括妇女产前、产中、产后保健,计划免疫、健康体检等。⑤药品,包括药品供应和医生开处方。对于上述各种医疗服务,哪些应该成为医疗社会保险的给付项目取决于以下几个因素:①经济资源的可得性。②目前的医疗服务基础设施与服务质量。③对卫生保健优先重点的评估。④保险人群的疾病类型及对各类服务的利用率。⑤费用分担的水平和种类。⑥卫生服务的成本。从国际上看,各国的医疗社会保险给付项目包括各种治疗性服务、辅助性服务和基本药物等,而为达到个人安逸的医疗服务、美容性质的医疗服务、特殊需求的医疗服务、滋补药品等都不在医疗社会保险给付项目之列。

医疗保险给付项目的发展趋势。第一,医疗给付项目从过去单纯的治疗性服务向包括预防、康复在内的综合性医疗服务发展,已经成为广义的健康保险,而不仅是医疗服务的保险。第二,医疗保险给付对药物的范围加强了限制。许多国家的医疗社会保险项目中,只有处方药才是给付项目,非处方药则不是;有些国家的给付只是世界卫生组织规定的基本药物。总之,医疗保险给付的趋势是提供更加全面的医疗待遇,加强基本的医疗保险项目,限制费用较多又非基本的项目。

3. 医疗保险给付的地位与作用

医疗保险费用的给付也称为医疗保险费用偿付或结算,是指医疗保险机构作为付款人,代替被保险人支付其在接受医疗服务时花去的费用,是对医疗机构提供医疗服务消耗的资源进行的经济补偿。因此,费用支付既涉及医疗保险方与被保险方之间的关系,又涉及医疗保险方与医疗服务提供者之间的关系,是被保险方与医疗服务提供者之间的经济纽带。费用支付是医疗保险必不可少的环节。这个环节的出现,一方面改变了传统医疗服务中医生和病人之间的直接交换关系,形成了由医疗服务提供者、患者和保险机构(第三方付费人)的三方关系,从而解除了双方对费用的担忧,医患之间的经济关系退到了次要地位;另一方面,对医疗保险方和医疗服务提供者之间的经济关系起着调节作用。医疗保险资源通过费用支付环节流向医疗服务提供者,成为后者的经济来源和经济诱因。不同的支付方式对医疗服务提供者产生不同的经济诱因,会影响并引起其不同的医疗行为,导致不同的经济后果,进而引起不同的保险资源流向。例如,当医疗保险的费用支付有利于增加高技术医疗服务和住院服务的收入时,医务人员就会多提供这方面的医疗服务,医疗保险的资源也会更多地流向这些方面,所以保险付费实际上起着配置医疗保险资源的作用。同时,费用支付方式还起着医疗费用控制的阀门作用。医疗保险好比一个蓄水池,资金筹集是入水口,费用支付是出水口。医疗保险支付的费用的多少以及合理与否直接关系着保险的保障能力和水平,关系着医疗保险的成败。世界各国医疗保险的经验和教训都表明,费用支付方式的改革和完善是控制医疗费用最重要、最有效的办法。

(二)医疗保险费用的支付方式

医疗保险费用的支付方式总体上可以分为后付制和预付制。前者指按服务项目付费;后者有总额预算、按人头付费、按病种付费等方式。我国医疗保险主要采用按项目付费的方式,但是大多数地区也开始部分地引入预付制方式。

1.后付制

后付制是在医疗服务提供者进行医疗服务后,按照标准支付费用的方式。

按项目付费是传统的,也是我国目前最常见的付费方式。按项目付费是指医疗保险机构根据医疗机构定期向其上报的医疗服务记录,按每一个服务项目(如诊断、治疗、化验、药品、麻醉、护理等)向服务提供者支付费用的方式。服务项目的价格制定通常有三种:一是完全放开价格,二是协商价格,三是相关机构规定价格。按项目付费的优点是操作方便,适用范围广,可调动医生的积极性。

2.预付制

预付制是指医疗服务提供者在提供医疗服务之前就预先设定了支付费率。通过这样一个相对固定的支付标准,达到了节约资源和经济激励的目的。如果医疗服务提供者使用的资源超过统一费用,其也得不到更多的补偿,而那些成本低于统一费用的则保持了优势。预付制医疗费用的最大特点就是根据合约规定的额度进行支付,超出规定的费用由医疗服务提供者负担,盈余的费用由医疗服务提供者所拥有。预付制的这种特点决定了其本质上是一种对医疗服务费用实行供给方的成本分担制,其有助于降低医疗保障机构介入医疗审查的监督成本,提高医疗服务提供者的专业自主性,对新型医疗技术的使用会产生适当的激励作用,增强了医疗保障费用的控制效果,促进了医疗服务提供者之间的公平性。但是其不足之处是可能会降低医疗服务提供者的积极性和主动性,有可能在一定程度上降低医疗服务的质量。

在预付制医疗费用支付方式中,按照预付计量单位的不同又可以分为三个类型或三个层次:一是以单个医疗服务机构为单位的总额预算制,二是以病人数为单位的预算制,三是以疾病为单位的预算制。国际上实施的预付制医疗费用支付方式有七八种,但常见的预付制医疗保险基金支付有按住院日定额付费、总额预算式、按病种付费、按人头付费和工资雇佣制几种方式。按住院日付费是指根据预先测算的平均每个病人每天的住院费用标准来支付病人的住院费用。因此,一个病人一次住院总费用等于住院日费用标准乘以住院天数,或者支付给某医院某段时期的总费用等于病人总住院天数乘以住院日费用标准。总额预算即由医疗保险人根据与医院协商确定的年度预算总额进行支付,实行医疗费用封顶。按病种付费是指根据国际疾病分类法,将住院病人按诊断、年龄等分为若干组,每组根据疾病的轻重程度及有无并发症、并发症为几级,对每一组不同级别的病种分别制定价格,按照这种价格对该组某级疾病治疗全过程向医疗服务提供者一次性付费。按人头付费是指按月或其他特定时间(通常为一年)根据医生服务人数支付一笔固定的费用。在此期间,医生负责提供合同规定的一切医疗服务,不再另行收取费用。工资雇佣制也叫薪金制,即医疗保险人根据医生或其他卫生服务人员提供医疗服务时间的价值向其发放工资。

(1)定额付费

定额付费是按照预先确定的住院日费用标准和门诊费用标准支付住院病人和门诊病人的费用,其特点是对同一医院所有病人的每日住院或每次门诊费用支付额度都是相同的、固定的,与每个病人每日或每次治疗的实际花费无关。实行这种支付方式,能够鼓励医院或医生降低每日住院和每次门诊成本,但却不鼓励缩短住院日和减少门诊次数,也可同时核定住院天数,即对每一出院病人支付相同数额的费用(每住院日费用×核定住院天数)。

（2）总额预付制

总额预付制由医疗保险机构根据与医院协商确定的年度预算总额进行支付,其特点是医院必须为前来就诊的所有被保险人提供合同规定的服务,但收入不能随服务量的增加而增加;如果全部服务费用超过了年度总预算,医疗保险机构不再追加支付,亏损由医院自负。实行这种支付方式的优点是保险机构能够较好地控制医疗费用,但必须合理确定医院的年度预算,考虑包括医院的规模、服务数量和质量、设备设施的情况、服务地区的人口密度、人口死亡率情况、通货膨胀等因素。预算总额一般一年协商调整一次。在实践中,总额预付往往与风险分担机制结合起来,即当实际费用超过预订费用一定幅度的时候,由医保基金与医院共担一部分费用,当实际费用低于预订费用一定幅度的时候,由医保基金与医院共享一部分节约的费用。目前,我国部分地区开始探索总额预付制,但是一般会与其他付费方式相结合,并引入了风险分担的机制,这时的总额预付也常被称为总额控制。

（3）按病种付费

根据疾病分类法,将住院病例分为若干组,每组又根据疾病的轻重程度及有无并发症、并发症分为若干级,对每一组的不同级别分别制定定额费用,对患者治疗的全过程按这种定额方式进行一次性费用支付,其特点是医疗保险支付费用只与诊断的病种有关,而与每个病人的实际费用无关。这种支付方式可以激励医院为获得利润而主动降低成本,缩短平均住院日,有利于费用控制。

（4）按人头付费

按人头定额付费,即由医疗社会保险机构根据医院或医生服务的被保险者人数定期向医院或医生支付一笔固定的费用。在此期间,医生负责提供合同规定的一切医疗服务,不再另行收费。按人头定额付费是由医生对一定时期、一定人数的医疗费用实行了包干制,其特点是医疗服务提供方服务的被保险人数越多,收入越多;提供的医疗服务越少,收入越少。这种支付方式能够鼓励医疗机构和医生以比较低的医疗费用为更多的人提供服务,鼓励医疗资源流向预防服务。我国部分地区正在开展的门诊统筹制度,已经开始引入了按人头总额包干制的方式,但是由于门诊统筹经费较少,大多数地区人均每年仅几十元,远不能满足门诊费用的需要,因此,医生除了获得"人头经费"外,还可以向患者另行收取费用。

(5)按工资标准付费

按工资标准偿付也称薪金制,即由社会保险机构根据医生或其他医疗服务人员提供的服务向其发工资,这是医疗保险常见的一种支付医疗费用的形式。工资制的特点是社会保险机构对医生支付固定的费用,而不考虑医生看病次数和服务人数的多少。所以,这种方式难以调动医生多提供服务、提高服务质量的积极性。

(6)"以资源为基础的相对价值标准"支付制度

"以资源为基础的相对价值标准"是近年来在美国老年医疗保险中采取的一种新的支付医生服务费用的办法,其基本思路和方法是通过比较各专科医生服务中投入的各类资源要素成本的高低,来计算每项服务的相对价值,以此作为确定各项服务费用的依据。医疗服务中投入的各类资源要素包括服务全过程所花费的时间和劳动强度、业务成本和每次服务分摊的专科培训的机会成本。"以资源为基础的相对价值标准"按照各科医生在服务中实际投入的资源进行支付,能够刺激各科医生提供合理的服务,有利于提高通科医生的收入,降低专科医生过高的收入,从而有利于优化医疗卫生人力结构和布局。

医疗保险费用支付的多种形式,对医疗保险机构、医疗服务提供者以及被保险人会产生不同的影响也各有利弊。医疗社会保险机构可以根据不同的情况和需要,选择不同的费用支付方式或组合支付方式。医疗费用支付方式决定并影响整体医疗费用支出水平及其上涨率、医疗体系总体及部门收入与规模、医疗服务质量、保险管理组织及其事务的繁简,因此,支付制度的改革成为各国医疗社会保险制度改革的核心内容之一。我国新医改方案提出的要积极探索基本医疗保障费用的支付方式,在其基本实现全民覆盖后,费用支付方式的选择就变得尤为重要。基本医疗保险费用支付方式直接关系医药费用筹集、控制以及医疗服务价格管制的实现方式。总的来说,我国的基本医疗费用支付方式应该从以后付制为主向以预付制为主转变,预付制医疗费用支付方式应该坚持实施以总额预算式为主的、以按人头付费和按病种付费相结合的混合式支付模式。实施预付制后,要严格执行基本医疗服务质量评价制度。

(三)医疗保险基金的缴纳方式

医疗保险基金的缴纳有多种方式:固定保险费金额;与工资挂钩(工资的一定比例);与收入挂钩(包括工资和工资以外的全部收入的一定百分比)等。据目前世界各国的情况来看,医疗保险基金通常采用的缴费方式是与工资挂钩,即采用工资税的方式。这种方式的优点有四个:一是考虑了每个人的支付能力,使参保人都能支付得起医疗保险费;二是有利于控制医疗保险筹资与工资收入的相对水平,不至于过高或过低;三是有利于建立随工资水平变化而相应调整医疗保险筹资水平的自然调整机制;四是可以通过制定不同的税率进行收入的再分配,防止社会人群收入水平差距过大。

在缴纳保险费用时,个人和用人单位可以按相同的比例缴费,也可以按照不同的比例缴费。一般而言,用人单位缴纳的保费率比个人要高。为了体现公平,各国都规定了医疗保险缴费工资的上下限,即当工资达到下限水平时,才开始计算应缴纳的保险费;而超过上限水平时,不再多收保险费。

(四)享受待遇的资格条件

由于医疗保险制度采用第三方付费方式,医疗保险机构、被保险者和医疗服务提供者三个行为主体由于经济利益的道德差异及信息不对称,致使道德风险严重,其中以被保险人和医疗服务提供者的道德风险为甚,所以各国都对享受医疗保险的资格条件进行了严格的规定。只有满足了这些条件才能够享受到医疗保险待遇。

1.参保和缴费

要享受医疗保险必须参加保险和缴费。医疗保险制度大多实行年度或每期收支平衡,根据权利和义务的对等性,每年或者每期履行了缴费义务之后才有资格享受医疗保险。例如,我国的新型农村合作医疗制度,每年 12 月进行保险费用的征缴工作,凡是缴费的成员才能在下年度享受医疗保险服务;如果不缴纳保费,下年度的医疗费用就不能报销。

2. 符合"两定点三目录"和"逐级转诊"规定

对于参保患者,医疗保险制度规定了详细的"两定点三目录"的报销范围,只有符合规定的医疗花费才能报销。参保患者必须去医保机构指定的医疗机构和药店接受服务,否则费用自付。而且诊疗项目、用药以及使用的医疗器械,在规定范围内的可以报销,超出该范围的则要自付。此外,患者必须按照逐级转诊转院制度接受医疗服务,不按逐级规定、没有转诊许可证明的花费不能享受保险待遇。

(五)待遇支付水平

医疗保险待遇支付可以是独立的,例如规定门诊和住院分别用不同的账户支付,但待遇支付和待遇水平一般是合为一体的。医疗保险中的待遇水平由三方面体现,即起付线、封顶线和报销比例。让参保患者负担一部分医疗费用有助于控制保险经费。

1. 起付线

起付线方式又称扣除法,是指被保险人只有在支付一定数额的医疗服务费用之后,保险机构才负责支付部分或全部的医疗费用。这个规定的数额被称为起付线。

该方法要求个人看病时需要自己先拿出一部分钱,这样有利于产生费用意识,控制医疗服务消费行为。小额费用由被保险人个人承担,有利于集中有限财力,保障高费用风险的疾病治疗,实现风险分担。将大量的小额医疗费用剔除在社会保险支付范围之外,减少了医疗保险结算的工作量,有利于降低管理成本。

该方法的难点是起付线不好确定。起付线过低时,被保险人有可能过度使用医疗资源,产生道德风险,难以控制医疗费用;起付线过高时,会超过部分参保人的经济承受能力,抑制其正常的医疗需求,可能使部分参保人不能及时就医,小病拖成大病,反而增加了医疗费用。此外,过高的起付线可能影响参保人参加社会医疗保险的积极性,造成医疗保险覆盖面和受益面的下降。

2.封顶线

封顶线也称最高限额方式,是与起付线相反的费用分担方法。该方法是先规定一个医疗费用封顶线,社会医疗保险机构只偿付低于封顶线以下的医疗费用,超出封顶线以上的医疗费用由被保险人或由被保险人与其单位共同负担。

在社会经济发展水平和各方承受能力较低的情况下,设立封顶线有利于保障参保人享受费用比较低、各方都可以承受的一般医疗;有利于限制被保险人对高额医疗服务的过度需求,以及医疗服务提供者对高额医疗服务的过度提供;有利于鼓励被保险人重视自身的身心健康,提高被保险人的身体素质,防止小病不治酿成大病。

3.报销比例

通常情况下,起付线和封顶线之间的部分由参保患者和医疗保险机构共担,也就是由医疗保险机构报销一定比例。报销比例会因医疗费用高低有所不同,一般来说,患者发生医疗费用越高,报销比例就越高。

四、我国城镇医疗保险制度

(一)我国城镇医疗保险制度的建立

尽管劳保医疗和公费医疗的经费来源和管理单位不同,但医疗保险的基本内容却大致相同,经费由政府和企业负担,个人基本上不用缴费,实质上是福利型的职工医疗保险制度。在这种制度下,政府和企业承担"无限责任",个人无须承担任何风险。

由公费医疗、劳保医疗、合作医疗构成的我国医疗保障体系,应当说,在一定的历史条件下,对保障我国劳动者身体健康,解除或减轻劳动者因患病、负伤和生育等增加的物质和精神上的负担,保证社会劳动力的再生产,特别是提高社会劳动者的身体素质,推动社会生产力的发展,都起到了良好的作用。

随着我国经济体制改革的不断深化,传统医疗保障体制不得不进入改革时代。尤其是国有企业改革,使得传统的福利性医疗保险制度越来越不适应改革和发展的需要。

(二)城镇职工基本医疗保险现行制度

现行的城镇职工基本医疗保险制度是与我国当前经济发展水平相适应的一种社会保险制度,其指导思想是"基本水平、广泛覆盖、双方负担、统账结合",即基本医疗保险的水平要与社会主义初级阶段生产力的发展水平相适应;城镇所有用人单位及其职工都要参加基本医疗保险,实行属地管理;基本医疗保险费由用人单位和职工双方共同负担;基本医疗保险基金实行社会统筹和个人账户相结合。

1. 覆盖范围

城镇所有用人单位,包括企业(国有企业、集体企业、外商投资企业、私营企业等)、机关、事业单位、社会团体、民办非企业单位及职工。

2. 资金筹集

资金主要来源于单位和个人的共同缴费。筹资方式是单位缴费率为职工工资总额的 6% 左右,职工个人缴费率为本人工资收入的 2%。我国医疗保险实行"社会统筹与个人账户相结合"的模式,社会统筹一般以地级以上行政区域为统筹地区。单位缴费一分为二,其中 70% 左右划入个人统筹账户,另外 30% 左右和个人缴费一起进入个人账户。统筹账户目的在于互助共济,个人账户能够约束参保人的医疗消费行为。

建立统账分开、范围明确的支付机制;统筹基金和个人账户划定各自的支付范围,分别核算,不得互相挤占。个人账户主要支付小额和门诊医疗费用;统筹基金主要支付大额和住院治疗费用,由医疗保险经办机构统筹调剂使用,按医疗费的一定比例支付。

3. 资格条件

要想享受医疗保险待遇,首先必须参保缴费,其次必须符合"两定点,三目录"的规定,转诊和转院必须符合相关转诊制度规定。

4.支付办法

门诊费或小病(小额)医疗费,以及起付线以下的住院费用可以从个人账户中支付;住院费或大病(大额)医疗费则从统筹账户中支付。

5.保险水平

统筹账户实行费用分担的政策,并设立起付线和封顶线。起付标准为当地职工年平均工资的10%左右,封顶线为当地职工年平均工资的4倍左右。起付标准以下的医疗费用从个人账户中支付或由个人自付。起付标准以上、最高支付限额以下的医疗费用主要从统筹基金中支付,个人也要负担一定比例。统筹基金的具体起付标准、最高支付限额以及在起付标准以上和最高支付限额以下医疗费用的个人负担比例,由统筹地区根据以收定支、收支平衡的原则确定。

6.代位补偿

医疗费用依法应当由第三人负担,第三人不支付或者无法确定第三人的,在由医疗保险基金先行支付后,医疗保险基金有权向第三人追偿。

代位补偿原则是指保险合同的甲乙双方为相对人,相对人以外的利害关系人称为第三人。社保机构代替责任人(第三人)向受害人垫付赔偿。我国原来的社会保险制度没有保险基金先期垫付的规定,如果参保人成为刑事或交通肇事等案件的受害者,医疗费应该由第三人(即肇事者)而不是社会保险基金来负担,而第三人往往无力支付、不愿支付,有时甚至无法确定第三人时,患者的病情则会因此雪上加霜,甚至因为交不起医药费或押金而被医院拒之门外。

7.给付标准

城镇职工基本医疗保险建立统筹基金与个人账户相结合的管理模式,明确划分统筹基金和个人账户的支付范围、支付方法。个人账户的资金只能用于支付本人的医疗费。统筹基金主要用于支付大额和住院医疗费用,个人账户主要用于支付小额和门诊医疗费用。统筹基金支付时要根据各地的实际情况和基金的承受能力,确定起付标准和最高支付限额。统筹基金起付标准以下的医疗费用由个人账户支付,不足部分由个人支付；起付标准以上、最高支付限额以下的医疗费用，主要从统筹基金中支付，但个人也要负担一定的比例。超过最高支付限额的医疗费用，不再由统筹基金支付，而是通过大额医疗费用补助、企业补充医疗保险、公务员医疗补助、商业医疗保险等途径解决。

8.统筹层次

基本医疗保险的系统层次原则上为地市级，确有困难的可以以县为统筹单位，京、津、沪、渝四市实行全市统筹。为了保证职工基本医疗保险基金的安全、完整，将其纳入单独的社会保障基金财政专户，实行收支两条线管理。

9.医疗服务管理

建立有效制约的医疗服务管理机制，实行有效监管。通过制定基本医疗保险药品目录、诊疗项目和医疗服务设施标准以及相应的管理办法，确定基本医疗服务的范围和标准；实行医、药分开核算，分别管理，对提供基本医疗服务的医疗机构和药店实行定点管理；对医疗机构进行调整、改革，规范医疗行为，减员增效，提高卫生资源的利用效率；积极发展社区卫生服务项目，可以将其中基本医疗服务项目纳入基本医疗保险支付范围。

（三）城镇居民基本医疗保险制度

1.试点目标与原则

通过试点，探索和完善城镇居民基本医疗保险的政策体系，逐步建立以大病统筹为主的城镇居民基本医疗保险制度。试点工作要坚持低水平起步，重点保障城镇非从业居民的大病医疗需求，逐步提高保障水平。坚持自愿原则，充分尊重群众意愿。

2.参保范围

不属于城镇职工基本医疗保险制度覆盖范围的中小学阶段的学生（包括职业高中、中专、技校学生）、少年儿童和其他非从业城镇居民都可自愿参加城镇居民基本医疗保险。

3.缴费和补助

城镇居民基本医疗保险以家庭缴费为主。参保居民按规定缴纳基本医疗保险费，享受相应的医疗保险待遇，有条件的用人单位可以对职工家属参保缴费给予补助,国家对个人缴费和单位补助资金制定税收鼓励政策。

4.费用支付

城镇居民基本医疗保险基金重点用于参保居民的住院和门诊大病医疗支出,有条件的地区可以逐步试行门诊医疗费用统筹。

五、补充医疗保险

补充医疗保险包括公务员补充医疗保险、大额医疗费用补助企业补充医疗保险、商业保险以及包括社会救助在内的多层次的医疗保障体系。经过二十多年的改革实践,医疗制度改革取得了重要进展,其主要标志就是确立了城镇职工基本医疗保险制度模式。与此同时,针对基本医疗保险保障的不足,还逐步发展了各种形式的补充医疗保险和商业医疗保险。在制度层面上已经初步形成了以基本医疗保险制度为主体,以各种形式的补充医疗保险(公务员补充医疗保险、大额医疗费用补助、商业医疗保险和职工互助保险)为补充,以社会医疗救助为底线的多层次医疗保障体系的基本框架。

(一)公务员医疗补助

公务员医疗补助主要是指公务员在参加城镇职工基本医疗保险的基础上实行医疗补助。补助经费主要用于解决国家机关公务员基本医疗保险不予支付的大额医疗费用和个人账户用完以后,个人自付部分的医疗费用。国家机关公务员的医疗补助经费全部由财政拨付,由社会保险经办机构统一经办。

(二)大额医疗费用补助

大额医疗费用补助主要是对基本医疗保险封顶线以上的医疗费用实行补助,大额医疗费用补助的资金来自单位或职工定额缴费,基金由社会保险经办机构管理。

(三)企业补充医疗保险

企业补充医疗保险是企业在参加基本医疗保险的基础上,由国家给予政策支持,由企业自主举办或参加的一种补充医疗保险形式。参加企业补充医疗保险需具备的条件:一是参加了基本医疗保险;二是具有持续的税后利润,有能力主办或参加企业补充医疗保险。企业补充医疗保险费由企业和个人共同缴纳,相关机构对于补充医疗保险缴费给予一定的税收优惠。

综上所述,我国已经形成了由城镇职工基本医疗保险、城镇居民基本医疗保险和新型农村合作医疗,并由其分别覆盖城乡不同群体。在此基础上另建立了补充医疗保障,即公务员补充医疗保险、大额医疗费用补助企业补充等制度。这一基本框架能够满足不同群体的需求,体现出了鲜明的特色。

医疗保险是为了分担疾病风险带来的经济损失而设立的一项社会保险制度,它用于对因疾病风险所造成的经济损失,如对医疗费用进行补偿。具体来说,医疗保险是由国家立法,由国家、单位(雇主)和个人缴纳保险费进行筹资,建立医疗保险基金,当个人因病接受了医疗服务时,由社会医疗保险机构提供医疗保险费用补偿的一种社会保险制度。

医疗保险模式包括国家医疗保险模式、社会医疗保险模式、集资医疗保险模式、储蓄医疗保险模式、商业医疗保险模式等。

医疗保险基金主要来源于用人单位和员工的缴费,还包括财政补充。医疗保险费用结算方式对医疗费用开支具有重要的作用。

我国通过改革形成了城镇职工基本医疗保险制度、城镇居民基本医疗保险制度和新型农村合作医疗制度。

第三节 失业保险及发展

一、失业保险概述

(一)失业保险的相关概念

1.失业的内涵
失业有广义和狭义之分,广义的失业是指劳动者和生产资料相分离的一种状态。在这种分离的状态下,劳动者的主观能动性和潜能无法发挥,不仅会造成社会资源的浪费,还会对经济的发展造成负面影响。

狭义的失业是指具有劳动能力的处在法定劳动年龄阶段并有就业愿望的劳动者失去或没有得到有报酬的工作岗位的社会现象。在社会高度组织化、劳动社会化的社会经济环境中,失业同时还意味着失去了参与社会经济生活、获得社会归属感的主要机会,从而使自己的物质需求和精神需求得不到满足。因此,失业威胁着一个社会的安全稳定和经济的健康发展。

根据对失业的界定,失业主体必须具备三个条件:①本人无工作,没有从事有报酬的职业或自营职业;②本人当前具有劳动能力,即达到一定的就业年龄,具备就业的生理、心理条件;③本人正在采取各种方式寻找工作机会。

"就业人员"指在男性在16至60岁,女性在16至55岁的法定劳动年龄内,从事一定的社会经济活动,并取得合法劳动报酬或经营收入的人员。失业人员是指在法定劳动年龄内,有工作能力,无业且要求就业而未能就业的人员。虽然从事一定社会劳动,但劳动报酬低于当地城市居民最低生活保障标准的,视同失业。

根据以上的界定,那些处在法定劳动年龄,但正在学校读书的,或没有就业意愿的无业者,不属于失业的范畴。

2.失业的类型

(1)按照就业意愿

参照就业意愿,可将失业分为自愿性失业和非自愿性失业:自愿性失业是指劳动者自动放弃就业机会,而没有找到新的工作岗位的情况。非自愿性失业是指劳动者愿意接受现有的货币工资水平却仍找不到工作的情况。

(2)按照失业的程度

按照失业的程度,可将失业分为完全失业和部分失业(不充分就业):完全失业是指失业者有劳动能力但找不到合适的工作岗位。部分失业或不充分就业是指有劳动能力的人,虽然有工作,但工作报酬达不到法定的工资标准,工作时间达不到正常工作时间的1/3。

（3）按照失业的表现形式

按照失业的表现形式,可将失业分为显性失业和隐性失业。显性失业又称公开失业,一般以失业人员到职业介绍机构进行求职登记为准,一般用失业率来反映。隐性失业是指未表现出来,但确实存在失业或就业不充分的现象,指实际生产率低于潜在的生产率,是一种劳动力资源未被充分利用的情况。

（4）按照不同的失业原因

按照不同的失业原因,可将失业分为摩擦性失业、季节性失业、技术性失业、结构性失业和周期性失业、等待性失业。

摩擦性失业是指在劳动力流动过程中,由于信息不对称、时间滞差、信息成本和流动成本等原因引起的失业。这种失业主要是由劳动力市场自身的缺陷造成的,它反映了劳动力市场经常的动态性变化,表明劳动者经常处于流动之中。

季节性失业是指由于季节变化或由于消费者季节购买的习惯等原因引起的失业,季节性失业具有规律性、行业性以及失业持续期的预知性等特点。

技术性失业是由于技术进步、管理改善、生产方法改进等原因造成的失业。

结构性失业是由于经济结构如产业结构、产品结构、地区结构的变动,引起的劳动力需求结构的变动,从而产生的部分劳动者成为失业者的情况。一般来说,技术性失业是结构性失业的先导,结构性失业是技术性失业的最大表现。

周期性失业是指由于周期性的经济波动而引发的失业现象。经济危机周期性地发生时,失业率也会周期性达到高潮。

等待性失业是指求职者因有更高的工作期望而产生的一种失业类型。失业者只有"等待"到期望的工资水平可以被满足时,才愿意就业。

3.失业率

失业率是反映一个国家或地区失业状况的主要指标。国际上通常以失业人数占在业人数与失业人数之和的比例来反映失业率。即：

$$失业率＝失业人数÷（在业人数＋失业人数）×100\%$$

我国使用的是城镇登记失业率，即：

$$城镇登记失业率＝城镇登记失业人数÷（城镇在业人数＋$$
$$城镇登记失业人数）×100\%$$

失业率是反映失业的动态经济指标，也是国家调控现代宏观经济政策的指标之一。一般来说，失业保障包括失业预防、失业补救和失业保险三个方面的内容，目标在于促进就业、防止和治理失业。在这三部分内容中，失业预防主要是通过对企业解雇员工的约束和失业警戒线的建立，预防在职者失业及失业率的上升；失业补救主要是指通过实施就业培训、就业指导和就业创造，让失业者重新就业；失业保险则是失业保障制度的主体。

4.失业保险

失业保险是指国家通过立法实施，由社会各方筹资建立基金，对非自愿性失去工作、中断收入的劳动者，提供限定时期的基本生活保障和再就业服务的社会保险制度，失业保险具有保障基本生活和促进再就业的双重职能。

根据对失业保险概念的界定，其包含以下几层含义。

（1）失业保险的帮助对象是劳动者

这就排除了不在就业范围内的社会成员，当依法参加失业保险的劳动者，在因失业而失去收入来源时，国家或社会保险机构会向其提供物资帮助，以保障失业者及其家属的基本生活。

（2）失业保险的目标是提高劳动者抵御失业风险的能力

市场经济社会中，每个劳动者都有可能在人生的某个阶段遭遇失业。而随着家庭所提供的保障功能越来越弱化，只有建立整个社会的风险共担机制，才能提高劳动者抵御失业风险的能力。其采取的手段有通过失业保险向失业者提供失业保险金，以保障失业期间失业者及其家属的基本生活；通过再就业培训和就业指导，帮助失业者尽快实现再就业等。所有这些，都保证了当劳动者遭遇失业风险时，有较强的风险应对能力，从而保证了劳动者职业生涯的继续。

（3）失业保险具有保障基本生活和促进再就业的双重职能

失业保险除了具有保障失业者基本生活的功能外，还兼具促进就业的功能，所以失业保险主要对非自愿性的失业者提供期间限定的保障。

（二）失业保险的特征

失业保险属于社会保险的范畴，除了具有同其他社会保险相同的特征，即强制性、互济性、预防性、补偿性等特征外，还具有自身的特点。

1. 保障对象是失业劳动者

失业保险作为社会保险的子系统，只对有劳动能力的并有劳动意愿但无劳动岗位的人提供保险，也就是说失业保险与其他社会保险项目的最大的不同在于，失业保险对象是没有丧失劳动能力的劳动者。丧失劳动能力而失去劳动机会的情况不包括在失业保险范围之内。

2. 保障的风险主要是非自然因素造成的

通常来说，其他社会保障项目所涉及的风险往往与人的生理变异等自然因素有关，失业保险的风险所涉及的风险却不是由人的生理因素等自然因素所引起的，而是同一定时期的社会和经济因素所引起的，在一定程度上，它也与国家在一定时期的宏观经济政策相关。例如，人口、劳动力资源与经济增长的比例失调；产业结构的调整以及就业政策的变化等都可能成为失业的原因。这和其他社会保险项目中的劳动危险事故的成因有着明显的区别。

3. 保障形式和内容的多样性

失业保险不同于其他社会保障，失业保险既有保障失业者生理再生产的功能和目标，又有保障劳动力再生产的功能和目标，这两种功能和目标是同等重要的。因此，失业保险在保障形式和内容上具有自身的特殊性，它除了需要向受保者发放保险金、提供物质帮助，以保障其基本生活需要外，还需要通过就业培训等形式帮助失业者提高其文化素质和业务素质，以便其重新就业。

4. 保障人数的动态变化性

与养老保险、医疗保险参保人数通常是增多减少、总体人数单向增加不同,失业保险因其保险金的无积累性,其参保人数会随着就业形势的变化呈现反复的趋势,并不是直线升或降的单向变化。

(三)失业保险的功能

1.保障失业者的基本生活

在市场经济条件下,失业不可避免,对于整个社会来说,总有一部分人处于失业状态。在没有任何保护措施的情况下,失业对于劳动者个人而言,意味着生活来源的中断。失业保险的功能首次体现为失业者的生活保障。由失业保险机构为符合条件的失业者提供一定期限的失业保险金,保障失业者在失业期间的基本生活,为劳动者素质提高和劳动力再生产的顺利进行提供基本保障。

2.促进就业的功能

促进就业是失业保险的另一个重要功能。促进就业主要体现为对失业者的职业培训、职业介绍及就业信息的提供等促进失业者实现再就业。另外,失业社会保险制度的建立需要相应的社会管理和社会服务机构的设立,而这些机构的设立又会相应增加社会的就业机会。

3.合理配置劳动力功能

合理配置劳动力功能主要体现在两方面:一是由于失业保险的存在,失业者在寻找新的就业岗位时获得了经济保障,免除了后顾之忧,为解决失业问题提供了一定的缓冲时间,失业者也就有条件寻找尽可能与自己的兴趣、能力相符合的工作岗位,从而有利于劳动力的合理配置;二是由于失业保险的存在,用人单位减轻了向外排斥冗员的经济、社会两方面的压力,从而有利于单位制定理性的、合理的用人决策,从而也更有利于劳动力的合理配置。

4.稳定功能

稳定功能一是体现为社会稳定功能;二是体现为经济稳定功能。由于失业保险通过发放失业保险金保障了失业人员的基本生活,使其有了一定的稳定收入,安定了个人及其家庭的生活,使家庭关系保持稳定,因此,缓解了失业对整个社会所带来的冲击和震动,从而有利于维护社会的稳定和社会秩序的正常。另一方面,它起到宏观经济的"稳定器"作用,宏观经济运行具有不确定性,当宏观经济处于繁荣或高涨时,就业率较高,失业率较低,失业保险基金有积累,这笔资金从投资或消费领域提留出来,降低了经济的过快、过热发展。

(四)失业保险的制度模式

由于世界各国的社会制度、经济制度和文化等的不同,世界各国所实施的失业社会保险制度的类型也存在着较大的差别,按照国家、雇主、个人的不同责任和受益人享受失业保险待遇的不同,失业保险大致可分为以下几种类型。

1. 强制性失业保险

强制性失业保险的保险基金主要由企业和个人负担,只有受保人可以享受待遇。这是失业保险中被最多采用的一种形式,大约占建立失业保险制度国家和地区的 70%。它的特点是:第一,比其他类型的失业保险制度更加强调国家的强制性,要求雇主和个人,不管愿意与否,不管个人认为是否存在失业风险,都必须履行缴纳失业保险费的义务。第二,强调雇主和个人的双方责任。失业保险费由雇主和个人双方负担,一般来说是各负担一半。如我国,用人单位负担单位工资总额的 2%,个人负担本人工资的 1%。第三,强调履行缴费义务和享受失业保险待遇的权利对等,不缴费就不能享受待遇。

2. 失业救济型失业保险

失业救济型失业保险强调受益人必须满足一定条件的失业保险类型。这种类型失业保险属于社会救助的范畴。它的优点在于它的保障力度最强;强调普遍待遇原则,能够保障全体失业者,特别是能保障那些从来没有工作过的新生劳动力的失业者的基本生活。但它也存在着明显的不足:一是增加了国有负担,二是弱化了劳动者的责任感,容易造成劳动者对失业保险的过分依赖。

3. 雇主责任制型失业保险

雇主责任制型失业保险又分为两种形式:一是由国家通过法律规定雇主责任,由雇主承担全部失业保险费用的形式。另一种雇主责任制是在企业内部建立失业保险基金,由雇主运作,强调雇主对雇员负有完全责

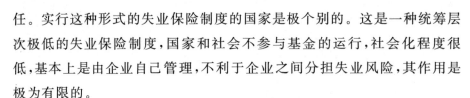
任。实行这种形式的失业保险制度的国家是极个别的。这是一种统筹层次极低的失业保险制度,国家和社会不参与基金的运行,社会化程度很低,基本上是由企业自己管理,不利于企业之间分担失业风险,其作用是极为有限的。

4.个人储蓄型失业保险

个人储蓄型失业保险由国家建立制度,规定个人拿出工资的一定比例进行储蓄,以防范失业风险。据世界银行的有关资料显示。

5.混合型失业保险

混合型失业保险包括几种组合方式,有的国家实行的是社会保险加失业救济,有的国家实行的是雇主责任制加失业救济,有的国家实行的是自愿性失业保险加失业救济等。实行强制性失业保险加社会救助的国家较多,这种类型的失业保险较好地将社会保险型和社会救助型结合起来,充分发挥了二者的优势,弥补了各自的不足,其作用是非常明显的。其失业救济的适用范围包括强制失业保险除外人员以及虽参加失业保险,但已无资格继续享受失业保险金的人员。

二、失业保险的类型

失业保险是指国家通过立法强制建立的失业保险基金,在劳动者失业时给予失业救济以保障其最基本生活需要的社会保险制度,失业保险具有保障失业人员基本生活和促进再就业的双重职能。失业保险制度大体上可分为以下几种基本类型。

(一)强制性失业保险制度

强制性失业保险是指根据国家立法范围之内的人员不论是否愿意,只要符合国家法律规定都得强制参加失业保险。凡属失业社会保险覆盖范围的劳动者都必须依法参加,个人没有选择的自由。国家立法强制实施的失业保险制度是目前采用最多的失业保障模式。

(二)非强制性失业保险制度

非强制性失业保险是指在立法范围之内的人员是否参加失业保险取决于受保人个人意愿,国家法律不作强制要求,而一旦参加了失业保险,就必须根据失业保险法律的规定接受管理,这些管理包括应承担的义务和应该享受的权利。这种模式最大的特点就是将参与失业保险的权力交给了受保人,允许劳动者自愿选择,这在一定程度上体现了公民自主选择的权利,但同时也削弱了失业保险的作用。

(三)失业救济制度

失业救济是指由国家单方面出资对符合法律规定的失业人群给予补助的制度。对领取失业救济的人员有着较为严格的限制,其必须经过相关机构的收入调查,经审核批准后,才可以给予救济。这种制度的特点在于减轻了雇主和雇员的经济压力,但由于受国家财政的限制,存在着救助范围较小以及救助标准较低的问题。

(四)双重失业保险制度

双重失业保险制度指的是不同失业保险制度相结合或者失业保险制度和失业救济制度相结合的模式,其中较为普遍的是以失业保险制度为主、失业救济制度为辅的双重方式。虽然失业保险制度与失业救济制度同时施行,但二者在保障基本生活以及创造再就业条件方面的功能是一致的。在现实中这种制度有多种形式:第一种是非强制性失业保险制度和失业救济制度相结合:一是工人可以自愿加入由工会建立的失业保险社,一旦失业并且符合规定条件即可获得失业保险金;二是未参加失业保险社或参加时间不足一年的失业者。第二种是强制性失业保险制度和失业救济制度相结合。第三种是强制性失业保险制度和非强制性失业保险制度相结合。

三、我国失业保险制度的改革措施

(一)完善促进积极就业的激励机制

将失业保险待遇与就业情况相联系是一种必然的选择。首先,提前就业可获补助,即在法定享受失业保险给付期限内,因提前找到工作可得到一部分尚未支付的保险金补贴。实施提前就业补助政策,要求失业保险基金有较高的支付能力。从长期看,在保证失业保险基金收支平衡的前提下,还可以采用失业保险金随时间递减支付的模式。相比较而言,虽然失业保险基金总的支出不变,但随着领取期限的加长,保险金待遇与最低工资水平的差距逐渐拉大,这能激励有再就业能力的失业者提前就业。其次,对愿意从事能力要求较低的工作岗位的工作者给予工资补贴。最后,为了配合失业保险金随时间递减支付模式的实行,待遇领取的期限可以进一步细化,采用"星期"为单位,以增强待遇递减时间的可调整性和准确性。通过这种方式可以加强失业保险制度对劳动者积极就业的经济激励,促使劳动者努力早日回归工作状态,同时还可以提高失业保险基金的利用效率,增强制度的灵活性。

(二)增加失业保险中促进就业的支出项目

失业保险基金用于预防失业、促进就业的支出范围:一是对失业者促进就业的补贴。失业保险基金支出的方向应更多地通过提高失业者个人能力来提高保险基金支出的效率。二是对企业实施预防失业的支出,以抑制其解雇员工。建立以失业补贴方式鼓励企业在不景气时期减少裁员的机制,将风险防范提前到企业一端。这些措施可以使失业保险由"被动变为主动",从单纯解决失业到主动增加就业支出项目,促进企业增加就业。

(三)将农民工纳入失业保险的覆盖范围

随着社会经济和城市化的不断发展,一个新兴的群体即农民工群体逐渐进入人们的视野。扩大失业保险制度的覆盖范围,努力提高农民工群体的参保水平是一个必然的选择。提高农民工参保水平应该做好以下几点工作:其一,从实际出发为农民工"量身定做"缴费基数和缴费比例。具体做法是以农民工所在单位上年度职工平均工资作为缴费基数。缴费比例可以参考一些现行的做法,单位按 2%、个人按 1% 的比例缴费,即农民工所在的单位以本单位上年度职工平均工资的 2% 为农民工缴纳失业保险费,农民工则按照个人收入的 1% 进行缴纳。其二,在城市里居有定所、就业地相对固定的农民工应尽可能地将其悉数纳入失业保险体系,让他们与城镇职工享有一样的权利;对于那些无固定就业地、无固定雇主、就业变动性、流动性大的农民工,较为切合实际的做法是在完善覆盖全国农民工社会保险网络信息系统的基础上,统一为其发放"社会保险卡",将每个人的"社会保险卡"与其个人身份证号码绑定,农民工个人的失业、医疗、工伤、生育保险账户通用,而且可以全国通用,不管参保的农民工在何处缴费,个人的"社会保险卡"一律可以使用。与此同时,相关部门的宣传、引导、督促工作对农民工参保自觉性、积极性的充分调动也是非常必要的。

(四)促进经济发展,提高就业率

我国正在加大产业结构调整的力度,因此,需要努力将经济维持在一种稳定的增速中,只有这样,才能创造更多的就业机会,提高就业率。除此之外,还有一些举措可以实施。但是,法律的细节需要继续完善和补充。要实行财政补贴,广开就业门路。补贴措施可考虑雇工补贴和创业补贴。雇工补贴是指如果企业雇用那些在职业介绍所登记了的长期失业者,便可以从国家领取一定比例的补贴;创业补贴是针对所有失业者和受到失业威胁的劳动者,如果他们打算自己创办公司或创办实业,都可以从国家拿到一笔创业补贴。还可以广开农村就业市场。随着城镇化的步伐加快,今后劳动力转移还将更多,安排农村剩余劳动力的任务十分艰巨,给失业保险带来的压力必然不断增大。根据这一特殊国情,应把广开农村就业市场作为一项重要长久的系统工程着力加以开发。

第四节　工伤保险及发展

工伤社会保险是社会保险的一个重要组成部分,它是社会保险最早产生的种类之一。现代工伤保险制度经历了工人个人负责制、雇主过失赔偿制、雇主责任保险以及工伤社会保险若干个发展阶段。而经过一系列发展,现在的工伤保险制度已不再是单纯的工伤事故的事后经济补偿,而是将工伤预防、工伤赔偿和工伤康复作为工伤保险制度的三个组成部分。

一、工伤保险概述

工业化以前的社会,劳动者日出而作,日落而息,几乎全靠体力与手工从事经济活动,生产节奏缓慢,因工负伤、中毒、致残的可能性很小。进入工业社会,情况就完全发生变化。矿山的开发和利用,大机器的使用,冶炼化工、石油、建筑、交通等行业的发展,一方面使劳动者为企业、为社会创造了大量的物质财富,另一方面也增加了劳动者自身的职业危险性。劳动者用自己的智慧和双手制造的机器及其他先进的产品随时有可能无情地夺取他们的肢体、器官以至生命。劳动者的职业风险从资本原始积累时期,到现代工业社会,始终伴随在人们的生产劳动过程之中。

(一)工伤及工伤保险的含义

工伤是随着工业生产的发展而日益突出的职业灾害。它主要包括工作中的突发性意外伤害事故和持续性的职业疾病。

1. 工伤

企业职工在生产岗位上,从事与生产劳动有关的工作中,发生的人身伤害事故、急性中毒事故。但是职工即使不是在生产劳动岗位上,而是由于企业设施不安全或劳动条件、作业环境不良而引起的人身伤害事故,也属于工伤。从这一定义中可以看出,职业病也包括在工伤范围内。

2. 职业病

职业病是指劳动者在生产劳动及其他职业活动中,接触职业性有害因素而引起的所有疾病。如工业毒害、生物因素、不良的气象条件、不合理的劳动组织、恶劣的卫生条件等,当职业性有害因素作用于人体并造成人体功能性或器官性病变时所引起的疾病,称为职业病。职业病的范围是由国家有关部门明文规定的,即工伤保险范围内的职业病是国家认定的法定职业病。随着新的生产技术和新的生产工艺的使用,会不断产生一些新的职业病,同时也会使一些老的职业病的严重性被不断减弱并可能被最终消除,这就要求立法机构根据实际情况及时调整职业病的范围。

根据上述,工伤可以概括为两类,一是在工作中因意外事故而导致的人体器官及其生理机能受损,二是因职业性质和工作环境因素引起的职业性疾病,可见,工伤是与职业有关的对人体的伤害,因此,它也被人们称为职业性伤害。这种伤害从其病理角度加以区分又有三种情况,第一种是因工负伤,发生工伤事故后经过治疗可以痊愈;第二种是工伤伤残,发生工伤事故后虽然经过长期治疗也难以痊愈,形成无法恢复的永久性人体残损;第三种情况是因长期工作在有害的职业环境中,或者长期从事有职业性毒害的工作而引起的职业性疾病。

工伤带来严重的经济损失和人员伤亡。经济损失通过一段时间的恢复生产是可以弥补的,而人员伤亡所造成的后果,却是无法消除的。工伤已经成为各国的劳动问题和社会问题,引起各国的重视,各国均在安全生产、文明生产、预防事故发生和提供工伤补偿等方面不断加强立法,以求完善工伤保险制度。

3. 工伤保险

所谓工伤保险,是指劳动者在生产经营活动中或在规定的某些特殊情况下所遭受的意外伤害、职业病以及因这两种情况造成死亡、暂时或永久丧失劳动能力时,劳动者及其遗属能够从国家、社会得到的必要的物质补偿,以保障劳动者或其遗属的基本生活,以及为受伤劳动者提供必要的医疗救助和康复服务的一种社会制度。这种补偿既包括医疗、康复所需,也包括生活保障所需。随着社会的发展,工伤保险的职能也在不断地扩展,功能也在不断地完善。现代意义上的工伤保险除上述内容外,还包括以下功能:通过预防促进企业安全生产,减少事故发生;通过康复工作,使受害者尽快恢复劳动能力,促进受害者与社会的整合。工伤预防、工伤救治与补偿、工伤康复已经成为现代工伤保险的三大支柱。

(二)工伤保险的特征

工伤保险具有以下几个方面的特征。

1. 强制性

工伤保险费是国家以法律规定的形式,向规定范围内的用人单位征收的一种社会保险费。具有缴费义务的单位必须按照法律的规定履行缴费义务,否则就是一种违法行为,用人单位要按照法律的规定承担相应的法律责任。

2.共济性

用人单位按规定缴纳工伤保险费后,不管该单位是否发生工伤,发生多大程度和范围的工伤,都应按照法律的规定由基金支付相应的工伤保险待遇。缴费单位不能因为没有发生工伤,没花费工伤保险基金而要求返还缴纳的工伤保险费。社会保险经办机构也不应因单位发生的工伤多、支付的基金数额大而要求该单位追加缴纳工伤保险费,而只能在确定用人单位下一轮费率时适当考虑其工伤保险基金支付情况。

3.固定性

国家根据社会保险事业的需要,事先规定工伤保险费的缴费对象、缴费基数和费率的基本原则。在征收时,不因缴费义务人的具体情况而随意调整。固定性还体现在工伤保险基金的使用上,实行专款专用,任何人不得挪用。

(三)工伤保险的原则

1.个人不缴费原则

工伤保险费由企业(雇主)一方缴纳负担,职工个人不缴费、不负担,这是工伤保险区别于其他社会保险项目的一个重要标志,也是长期以来国际上各国通行的惯例和准则。工伤保险费只由企业负担而职工个人不负担,是由于工伤事故是职工在生产过程中为企业创造物质产品和财富时发生的,职工因工作付出了鲜血或生命,因此应完全由企业一方负担,这是完全必要和合理的,也符合工伤风险是职业风险的原则。此外,工伤保险费只由企业一方负担,也有利于促使企业更好地关心企业的安全生产、以减少工伤事故和了解职业病的发生,更好地保证职工的安全和健康。这一原则与工伤保险实行无责任补偿原则也是密切相关的。

2.无责任补偿原则

"无责任补偿"原则亦称"补偿不究过失"原则,即工伤事故发生后,不论事故的责任在雇主或者第三者,或是职工本人,均应给予劳动者经济补偿。目前,"无责任补偿"原则已成为各国工伤保障普遍遵守的原则。实行"补偿不究过失"能够保证劳动者在因工负伤时,无条件地得到经济补偿,不会因责任问题而影响本人及其家属的正常经济生活。需要说明的是,劳动者负伤后,虽然不问过失在谁,都要给予收入补偿,但是并不表明不去调查和弄清楚事故发生原因,查明事故真相,相反,为了总结经验教训,事故发生以后,应认真调查事故原因,追究事故责任。行政责任追究与经济补偿是一个问题的两个方面,而工伤保险制度则研究的是受伤者的经济补偿问题。

3. 补偿与预防、康复相结合的原则

工伤保险首要的、直接的任务是进行工伤补偿,但这不是它唯一的任务。工伤保险还有其他的任务,就是在工伤事故发生前要积极地进行事故预防,搞好安全生产,搞好职业卫生,预防职业病的发生。而在事故发生后,则要积极搞好医疗康复和职业康复。虽然社会保险机构不具体从事预防和康复工作,但是社会保险机构应当配合劳动行政部门督促企业贯彻落实国家的职业安全卫生法律法规和标准,采取宣传、教育、检查和奖惩等措施,并支持工伤和职业病预防的科学研究工作,促进企业改善劳动条件、加强安全生产管理、教育职工严格遵守劳动安全卫生操作规程、减少伤亡事故和职业病的发生,这是最积极有效的保障。

4. 一次性补偿与长期补偿相结合原则

对"因工"而部分或完全永久丧失劳动能力的职工或是因工死亡的职工,受伤害职工或遗属在得到补偿时,工伤保险机构一般一次性支付补偿金项目,此外,对一些伤残者及工亡职工所供养的遗属,有长期支付项目,直到其失去供养条件为止。这种补偿原则已为世界上越来越多的国家所接受。

5. 确定伤残和职业病等级原则

工伤保险待遇是根据伤残和职业病等级的分类确定的。各国在制定工伤保险制度时,都制定了伤残和职业病等级,并通过专门的鉴定机构和人员,对受职业伤害职工的受伤害程度予以确定,区别不同伤残和职业病状况,以给予不同标准的待遇。

6. 保险缴费实行行业差别和浮动费率原则

为了体现公平收费,工伤保险制度一般实行差别费率和浮动费率。

差别费率是指根据不同行业工伤风险程度确定行业的基准费率,风险程度较高的行业适用较高的基准费率,风险程度较低的行业适用较低的基准费率。并根据工伤保险基金使用、工伤发生率等情况,再在每个行业内确定若干费率档次。

浮动费率是指在差别费率的基础上,国家根据企业在一定时期内安全生产状况和工伤保险费用支出情况,在评估的基础上,定期对企业缴费率给予浮动的做法。浮动费率与企业的生产经营状况成反比,生产经营状况好的企业下浮费率,生产经营状况差的企业上浮费率,因此,企业为了节约工伤保险费用支出,会采取措施主动抓好安全生产,减少工伤事故的发生。

二、工伤保险制度的框架及内容

工伤社会保险的主要内容包括工伤保险的范围、工伤保险基金的筹集、劳动能力鉴定和工伤保险待遇等几方面。

(一)工伤保险的范围

工伤保险的范围包括两方面的内容,一是工伤事故和职业病的范围,二是受保人的范围。

1. 工伤事故和职业病的范围

工伤保险建立的初期,只包括工业生产中的意外事故,后来把由于工作原因造成的职业病等内容包括进去,许多国家还把一些非工作原因的事故纳入职业伤害的范围,如上下班途中发生的意外事故。现在,许多国家又进一步扩大工伤保险的范围,如红十字救援和其他救援人员和就业培训人员,在工作中出现意外事故的均包括在工伤范围之内。

职业病源于劳动者所从事的职业本身,特别是在劳动中接触某种有害物质。虽然人们从事任何性质的工作,对身体都会或多或少地造成一些不良影响,但是,职业病是由国家立法规定的,指那些因所从事职业所直接带来的、对身体造成较大损害的疾病。

2. 受保人的范围

工伤保险制度建立初期,受保人的范围仅包括那些靠工资收入、从事有危险工作的工人。从整个劳动者群体看,这部分收入有限、工作环境危险性大的工人群体,确实最需要受到社会的保护。有些国家的工伤保险的受保人至今仍然限制在面临最危险工作的工人范围内。

(二)工伤保险基金的筹集

工伤保险比起其他社会保险,在待遇水平上、项目上要优厚得多,这是由职业伤害的特点所决定的。要保证工伤保险制度的顺利实施,必须有一个稳定的基金制度作保障,使任何用人单位发生工伤事故乃至工伤致残、致死事故后都不至于因工伤给付过多而陷入困境,使其能够及时获得社会的帮助,伤残者以及死亡者遗属也可及时获得工伤补偿和抚恤。

1. 工伤保险基金来源

建立工伤保险基金,必须一方面考虑职业伤害补偿和抚恤的必要,另一方面考虑基金建立所需资金提取的渠道和水平,而这已成为全球性的问题。雇主责任制发展到今天,成为现代工伤社会保险制度,但有些原则如解决职业伤害费用问题的原则,则大部分得到了保留。在雇主责任制里,雇主规定了由商业保险承保人来承担强制性的保险,使其习惯于根据经济活动的特点来确定各自不同的保险费率,其结果是影响了工伤社会保险中确定缴费额的方法。这里的缴费额是作为工资总额的一部分。

工伤保险基金收入来源主要由以下几个部分组成的。

(1)缴费单位所缴纳的工伤保险费

缴费单位所缴纳的工伤保险费是工伤保险基金的主要来源,由企业根据本企业职工工资总额的一定比例缴纳,个人不缴纳任何费用。

按照国际惯例,工伤保险费率主要有统一费率、差别费率和浮动费率三种。统一费率即按照法定统筹范围内的预测开支需求,与相同范围内企业的工资总额的比例,求出总的工伤保险费率,所有企业都按照这一比例缴费。这种方式是在最大可能的范围内平均分散工伤保险,不考虑行业与企业工伤实际风险的类别,世界上已实行工伤保险国家中约30%采用此制度。

企业差别费率就是根据企业的伤亡事故风险和主要危害程度划分职业伤害风险等级,并据此制定不同的收费率,称为企业差别费率。企业差别费率确定的主要因素是企业规模和所从事行业的风险程度。

浮动费率是建立在差别费率基础上的费率,即工伤保险管理部门每年对企业的安全状况和工伤保险费用的支出情况进行评估,根据评估结果,适当提高或降低费率的制度。这种机制,一方面突出了企业自身的风险特征(主要是通过直接费率部分);另一方面,对安全工作做得好的企业,可以减少缴费比例,对事故发生率较高的企业,可提高缴费费率。也就是说,如果雇主致力于安全预防工作,降低了事故发生率和职业病发生率,其费率在行业费率的基础上向下浮动。

(2)工伤保险基金利息收入

工伤保险基金利息收入是指用工伤保险基金购买国家债券或存入银行所取得的利息收入。

(3)财政补贴收入

财政补贴是指工伤保险基金在发生支付困难时,由财政给予的基金补助。

(4)滞纳金以及其他收入

滞纳金是指用人单位因拖欠工伤保险费而按规定缴纳的惩罚性的费用,其他收入是指法律法规规定的其他工伤保险基金收入。

2. 工伤保险基金筹集模式

工伤保险基金筹集模式直接影响工伤保险费率的高低。不同的基金筹集模式对保险基金需求量不同,因而费率也有区别。工伤保险基金筹集模式主要有以下三种。

(1)当年平衡式

当年平衡式的筹集模式是根据当年所需要支付的工伤保险费来筹集保险基金,达到当年收支平衡,国内又称为现收现付制,这种方式理论上较为合理,但实施起来比较困难,因为当年支出情况很难事先精确测算,为了当年收支平衡需要相当数量的工伤保险储备金,每年要根据需要调整缴费费率,稳定性差,因而只在社会保险经验丰富、保险精算较科学精确、制度较为成熟的国家使用。

(2)阶段平衡式

阶段平衡式的筹集模式是以一个阶段为期,求得工伤保险待遇费用收支平衡。这一平衡期可为 5 年或 10 年。以平衡期间中间 1 年的应交率作为此平衡期内的平均应交率,以前半期收大于支的储备,弥补后半期支大于收的不足,使整个阶段内的基金收支达到平衡。这种方式费率会比当年平衡式略高,但可以适当储备,具有一定的灵活性。

(3)总体平衡式

总体平衡式的筹集模式是根据历年发生的工伤死亡次数,预测今后数年享受工伤待遇的各类人员(死亡、伤残及遗属)人数和整个待遇享受期间所需支付的费用总额,根据需要的费用规模筹足资金,逐年支付,以达到收支总体平衡。此种征集方式下对所需资金有充分的保证,增加了储蓄,可以应付较大的意外事故,但保险费率较高。

(三)劳动能力鉴定

职工发生工伤事故,经治疗伤情相对稳定后,存在残疾、影响劳动能力的,应当进行劳动能力鉴定。劳动能力鉴定是指针对劳动功能障碍程度和生活自理障碍程度的等级鉴定。

劳动能力鉴定工作是工伤保险制度不可缺少的组成部分。劳动能力鉴定工作是给予受伤害职工保险待遇的基础和前提条件,也是工伤保险管理工作的重要内容。职工在工伤或疾病医疗期内治愈或者伤情、病情处于相对稳定状态,或者医疗期满仍不能工作的,都要通过医学检查对其伤残后丧失劳动能力的程度给出判定结论。劳动能力鉴定制度是合理确定社会保险待遇的基础,是正确审批职工因工、因病致残完全或全部丧失劳动能力而退休、退职的依据,也是决定伤病职工休假、复工、调换工作的依据。通过劳动能力鉴定制度,可以准确评定伤残、病残程度,有利于加强企业对伤病职工的管理,有利于切实保障伤残、病残职工的合法权益,也为正确处理这方面争议提供客观依据。

工伤保险制度中有关劳动能力的鉴定,主要是鉴定受伤者丧失劳动能力的程度。所谓"丧失劳动能力",是指个人因身体或精神受到伤害而导致本人工作能力严重减弱的状况。丧失劳动能力可能是暂时的,也可能是永久的;可能是部分丧失,也有可能是完全丧失;可能是先天的,可能是职业原因造成的,也有可能是非先天、非职业病的其他疾病或身体机能失常等原因引起的。工伤保险制度中所讨论的"劳动能力鉴定"是指由于工伤所造成的丧失工作能力的鉴定。

按丧失劳动能力的程度划分，一般有三种：人身能力丧失；职业能力丧失；一般劳动能力丧失。

人身能力丧失是指因工伤而使个人的适应性受到损害。人身适应性损害是参照同年龄、同性别的正常、健康的人的状况来鉴定的。在人身能力鉴定中只考虑其损害程度，不考虑人身能力受到损害后所带来的可能的经济或职业后果。职业伤害保险实行的项目按照失能等级支付待遇，而不考虑实际收入的丧失情况。例如，一个手工业者和一个技巧要求低的机械工发生同样的手指伤，前者可能永远失去原职业，而后者可能重返原岗位。

职业能力丧失是指因工伤而丧失从事职业的能力。这种鉴定以受伤者能否胜任受伤前所从事的工作为依据，职业能力丧失的鉴定通常是通过个别工作或集体工作的证明人评定职业病或意外事故的方式进行的。继续使用失能人员的工作范围常包括本人受伤的原单位、某个企业团体或某一类职业。但是如果失能鉴定以能否胜任受伤前所从事的工作为依据而局限于某一范围内的工作，那么再就业的范围就太狭窄了，这样也就丧失了鉴定的基本目的。因此，只纯粹考虑职业能力丧失的补偿项目目前已经很少见了，取而代之的是一些普通的项目。职业能力丧失鉴定应以鉴定损害为标准，而不是以鉴定在一般劳务市场上的获取收入能力的丧失为标准。

一般劳动能力丧失是指发生工伤后丧失重新寻找工作和获取与过去相当的收入水平的能力。它是以获取新工作的可能性即个人剩余的挣钱能力为理论基础。丧失工作能力的鉴定不是以具体的职业为依据进行衡量，而是以个人取得工作并获取收入的机会为依据进行衡量。这种方法考虑了个人受伤的严重性、基本特征、年龄、受伤前的工作情况及以后求职的可能。

（四）工伤保险待遇给付

工伤保险待遇一般较其他类型的保险，如养老保险、失业保险、医疗保险待遇优厚。工伤保险待遇主要有：治疗工伤的医疗费用和康复费用；住院伙食补助费；就医交通食宿费；伤残辅助器具安装配置费用；生活不能自理者的生活护理费；一次性伤残补助金和按月领取的伤残津贴；因工死亡的，其遗属领取的丧葬补助金；供养亲属抚恤金和因工死亡补助金；劳动能力鉴定费；治疗工伤期间的工资福利等。以下主要从工伤保险的医疗给付、暂时失能补助金、永久性伤残年金和一次性伤残补助金、遗属津贴几方面加以介绍。

1. 工伤保险的医疗给付

医疗给付是指受伤者发生工伤事故后的一系列治疗过程和措施。应向受伤人员提供各种类型的医疗照顾，包括矫形器具的供给和维修、配镜和牙科治疗；对受伤人员提供的医疗照顾不应受时间的限制，并且不向个人收取费用。不过，从各国工伤保险实施现状看，绝大部分国家的工伤医疗费用均由雇主承担。

2. 暂时失能补助金

暂时失能补助金指治疗期间支付给受伤人员的保险费用，有的国家称为工伤津贴。补贴标准在所有国家都是按照发生事故前若干时间内本人平均工资的一定比例发放的。

3. 永久性伤残年金和一次性伤残补助金

永久性伤残年金和一次性残废补助金指在伤情稳定、医疗终结后，根据专门的评残委员会评定的残废等级予以支付。完全丧失劳动能力者，如双目失明、截瘫等，发给永久性伤残待遇，以年金形式定期支付。国际公约规定的待遇标准为原工资的60%，多数国家规定为本人过去工资收入的66%～75%。部分丧失劳动能力者，视伤残等级等因素，发给长期的或一次性的伤残补助金。对伤残程度在10%、15%或20%以上的，一般发给长期伤残待遇。对于伤残程度在10%、15%或20%以下的，给予一次性补助金，也有的国家不给补助金。

4. 工伤保险的遗属津贴

家庭成员因工伤死亡，特别是那些家庭主要收入来源的成员死亡，对其遗属无疑是一个巨大的灾难，带来精神及经济上的巨大损失。因此，大多数国家都有向遗属支付津贴的规定。

因工死亡者的遗属比非因工死亡者的遗属待遇高，条件也比较宽。一般来讲，遗孀获得遗属补助金是没有什么条件的，即不管她是否具有工作能力和是否需要抚养子女，也不管她的年龄有多大，都可以获取遗属补助。鳏要想得到此项待遇则必须是残疾人，缺乏完整的工作能力。给孩子津贴的条件是他们必须不满 16 或者 18 岁，如果 18 岁后他们继续接受教育或本人是残疾人，年龄也可以适当延长。除此之外，遗属津贴也可以支付给过去一直由死者赡养的父母。在有些国家死者未成年的兄弟姐妹也可以享受遗属津贴。

（五）工伤预防与职业康复

1. 工伤预防

在工伤保险制度建立之初，其目的主要在于补偿功能，较少注意和发挥制度在预防方面的作用。随着工伤事故发生频率的加剧，世界各国已经越来越关注对工伤事故的预防工作，并将其纳入工伤保险的范围。工伤预防是指事先防范职业伤亡事故以及职业病的发生，减少事故及职业病的隐患，改善和创造有利于健康的、安全的生产环境和工作条件，保护劳动者在生产、工作中的安全和健康。所以从某种意义上讲，事故预防和职业病预防应该是工伤保险的首要任务。

（1）事故预防

所谓事故就是突发性的外部事件引起的对人体的伤害。随着工业化进程的加快，职业危害无处不在。劳动者的生产活动过程处于不同的生产环境和不同的劳动条件中，使用不同的生产工具，采用不同的工艺过程与方法。这可能存在着有害于劳动者身体安全和健康的因素。这些不安全的因素是导致伤亡事故发生的根源。

然而，绝大多数伤亡事故是可以预防和避免的，文化科学技术的发展为我们提供了可借鉴的经验，许多工伤事故存在着一定的人为因素。所以重视安全生产，预防事故的发生是第一位的。提高安全生产管理水平，开发和推广职业安全技术，充分利用现有条件，不断改善劳动环境，消除不安定因素对于防止各类伤亡事故的发生具有重要意义。

从安全生产的角度看,预防伤亡事故的具体措施包括以下几个方面。

①工程技术措施。工程技术措施是指对设备、设施、工艺操作等从职业安全的角度进行计划、设计、检查和保养。新建、改建、扩建和技术改造工程项目必须具有相应的职业安全设施。在新设备、新设施的设计阶段就应该考虑安全问题,并且随着生产的发展和设备、设施的使用情况及时改进或采取相应的工程技术措施,改善工作条件,保证生产安全。各种设备和安全设施的设计、制造、安装、使用和维修应符合国家有关标准和行业规范,安全防护装置应齐全有效。工作场地必须符合国家有关标准和行业规范。有重大事故隐患和职业危害的工作场所必须按照国家有关规定进行治理,并定期检测检验。用人单位生产、运输、经营、储存、使用有毒有害和易燃易爆危险品时,必须采取可靠的安全防护措施。工作场地应设置明显的安全标志和报警装置,包括防护装置、保险装置、信号装置及危险牌示和识别标志等,最大限度地规避危险源,并及时警告人们预防危险,注意安全。

②教育措施。教育措施是指有关部门和用人单位通过不同形式和途径的安全教育,使劳动者学会掌握安全方面的知识和操作方法,教育内容包括思想教育和安全技术知识教育。企业或雇主应当定期对劳动者进行职业安全教育,告知作业安全与职业危害方面的信息,普及安全技术知识,增强劳动者自我保护意识和安全操作技能;采取新工艺、新技术、新材料和使用新设备时,应当对劳动者进行专门的安全技术培训;对于新录用的职工,转岗职工或再次就业职工,应当做好入厂后的安全技术教育工作,对其进行岗前安全培训,经考核合格后,方可上岗作业;企业或雇主还必须按规定为劳动者提供符合标准的劳动防护用品,并指导其按照使用规则佩戴和使用。

③管理措施。管理措施是指由国家行政机关、企业单位组织制定的有关规章制度和措施以及有关安全规程、规范和标准。指导人们共同遵守国家职业安全法律法规和标准,以保障安全生产,防范事故的发生。

④经济措施。经济措施是指为促进安全生产,防范和减少事故的发生而采取的手段。主要通过实行工伤保险差别费率和浮动费率的办法,

建立一种促进企业安全生产的内控机制,将企业或雇主重视安全与否和本企业经济利益相联系,并通过运用浮动费率和安全奖惩制度,奖励对安全生产做出贡献的企业和个人,并适当补偿企业为降低事故和职业病的发生而先期投入的安全生产设施、设备的部分资金,以达到减少工伤事故和职业病发生的目的。当然也包括通过各种手段,进行工伤预防宣传教育和培训工作等。

(2)职业病预防

国际劳工组织发布的相关文件要求每个成员国必须制定工业安全与职业病预防条例。要求实施工伤保险的国家必须实行工伤预防的措施。我国工伤保险制度也要求,工伤保险要与事故预防、职业病防治相结合。做好职业病预防需要采取以下措施。

第一,提高对职业卫生工作的认识。劳动者依法享有获得职业卫生保护的权利,国家应保障其权益不受侵害。各用人单位要认真贯彻执行职业卫生和职业病防治的法规、标准。制定规划有计划地改善职工的生产工作环境和条件,限制并逐步淘汰有职业危害的生产工艺和技术。重视研制、开发、推广有利于保护和增进劳动者健康的新技术、新工艺。

第二,工作场所必须符合国家卫生标准和卫生要求。国家有关部门对可能产生职业危害的新建、扩建和技术改造建设项目必须进行职业危害评价,提出预防与治理措施。建设项目的职业卫生防护设施必须与主体工程同时设计,同时施工,经有关部门验收合格后方可正式运行、使用。

第三,生产或者进口化学品,含放射性物质等具有职业危害因素的原料和产生职业危害因素的设备必须在专门的安全使用说明书上载明其产品特性、可能产生的危害、安全使用注意事项、卫生防护和应急措施等。产品包装应当有警示标志和警示说明。新原材料应当附有由取得相应资格的技术机构出具的毒性鉴定报告书。产生职业危害的设备必须有配套的防护设备或防护措施,并应有警示标志。职业卫生防护设备和个人卫生防护用品必须符合国家卫生标准。

第四,国家对存在放射性、高毒及致畸、致癌、致突变化学品等特殊职业危害工作场所实行特殊管理。禁止将存在职业危害的作业转移至没有卫生防护条件的用人单位和个人。

第五，企业或雇主必须建立职业危害档案和职业卫生管理制度，制定职业卫生操作规程和职业危害事故应急救援措施。对从事可接触职业危害作业的劳动者建立健康监护制度，记录其职业病接触史和职业健康检查结果。同时，上岗前必须进行职业性健康检查，调离接触职业危害作业岗位的劳动者也应进行离岗职业性健康检查。

第六，用人单位应当建立职业卫生宣传、培训教育制度。对劳动者进行上岗前和经常性职业卫生培训、健康教育，普及职业卫生知识。教育和督促劳动者遵守职业卫生法律、规章制度、操作规程，并正确使用职业卫生防护设备和个人卫生防护用品。

2. 职业康复

康复是指采取各种适当手段帮助伤残人员恢复健康和工作能力以及料理自己生活的能力，包括肢体、器官、智能的全面和部分恢复，并对其进行职业培训。通过医疗康复和职业康复使伤残者达到重返工作岗位，恢复正常生活能力，参加社会活动的目的。

康复工作可以概括为通过综合协调使用药物、度假疗养或教育措施使一个残疾人恢复正常人具备的工作、生活能力。这是一个很长的过程，包括医疗康复和职业康复两个阶段。所谓医疗康复是通过医学上的治疗、运动治疗、语言训练、假肢安装、体能测试、职业指导和护理的治疗过程，目的在于恢复伤残者的劳动能力，重返工作岗位或经培训重新就业，这个阶段主要是在医院进行。所谓职业康复就是考虑伤残者的身体能力，使其伤残后的潜在素质与再就业合理结合，即根据伤残者的具体情况帮助其就业。二者相辅相成，需要紧密结合。

我国已经把事故预防和职业康复的职能写入新的工伤保险规定中，初步形成了工伤补偿与事故预防、职业康复相结合的新型工伤保险制度。不仅在现行政策中明确了工伤保险基金可以支付安装假肢、义眼、镶牙和配置代步车等辅助器具的有关费用，以保证工伤职工日常生活或者辅助生产劳动的需要，同时还对伤残职工本人自愿自谋职业并经企业同意的，或者劳动合同期满终止合同后本人另行择业的，社会保障部门发给一次性伤残就业补助金。有的省市甚至投资建立了康复中心和康复医院。总之,还需要进一步调查研究,统一思想认识,实事求是地通过对我国伤残人员的分布现状的研究,积极稳妥地开展医疗和职业康复事业。从服务项目、管理方式及社会效益等方面认真调查与分析,并加以论证,提出符合我国国情的工伤保险运营模式。

三、我国工伤保险现行制度

(一)我国工伤保险的范围和对象

我国境内的各类企业、事业单位,社会团体,民办非企业单位,基金会,律师事务所,会计师事务所等组织和有雇工的个体工商户(以下称为用人单位),应当依照相关规定参加工伤保险,为本单位全部职工或者雇工缴纳工伤保险费。

各类企业的职工和个体工商户的雇工,均有享受工伤保险待遇的权利。"职工"是指与用人单位存在劳动关系(包括事实劳动关系)的各种用工形式、各种用工期限的劳动者,既包括与用人单位签订了劳动合同的职工,也包括虽然没有签订劳动合同,但已经存在事实上的劳动关系的职工,包括农民工以及灵活就业的人群。

(二)我国工伤保险的资金来源

1.缴费主体
用人单位缴纳工伤保险费,职工个人不缴纳工伤保险费。

2.费率实行行业差别费率和浮动费率相结合
工伤保险费的缴费基数为本单位职工工资总额,用人单位一般以本单位职工上年度月平均工资总额为缴费基数,用人单位缴纳工伤保险费的数额为本单位职工工资总额乘以单位缴费费率之积。

工伤保险费根据以支定收、收支平衡的原则,确定费率。工伤保险费率实行行业差别费率和浮动费率制度。国家根据不同行业的工伤风险程度确定行业的差别费率,并根据工伤保险费使用、工伤发生率等情况在每个行业内确定若干费率档次(浮动费率)。行业差别费率及行业内费率档次由国务院劳动保障行政部门会同国务院财政部门、卫生行政部门、安全生产监督管理部门制定。统筹地区经办机构根据用人单位工伤保险费使用、工伤发生率等情况,适用所属行业内相应的费率档次确定单位缴费费率。

(1)行业差别费率

我国目前将行业划分为三个层级:一类为风险较小的行业(如银行业),二类为中等风险行业(如房地产业),三类为风险较高的行业(如石油加工业)。在将总体平均缴费率控制在职工工资总额 1% 左右的基础上,上述三类行业的基准费率控制在 0.5%、1.0%、2.0% 左右,具体由各统筹地区根据工伤事故发生次数、因工负伤总人数、因工伤残死亡总人数、工伤事故频率以及工伤死亡率等指标决定。

(2)浮动费率

在我国,用人单位属一类行业的,按行业基准费率缴费,不实行费率浮动。用人单位属于二类、三类行业的,费率实行浮动、用人单位的初次缴费率,按行业基准费率确定,以后由统筹地区社会保险经办机构根据用人单位工伤保险费使用、工伤发生率、职业病危害程度等因素,1~3 年浮动一次。在行业基准费率的基础上,可上下浮动两档:上浮第一档到本行业基准费率的 120%,上浮第二档到本行业基准费率的 150%,下浮第一档到本行业基准费率的 80%,下浮第二档到本行业基准费率的 50%。

(三)我国工伤保险的资格条件

获得工伤保险的条件主要有两个:所在单位参保缴费和被认定为工伤。

1.认定工伤的情形

工伤认定是劳动行政部门依据法律的授权对职工因事故伤害(或者患职业病)是否属于工伤或者视同工伤给予定性的行政确认行为。不是所有的人身伤害都是职业伤害,不是所有的疾病都是因工作原因造成的职业病,并且在有些情形下是因工还是非因工负伤或致残还很难确定。由于二者在适用法律和待遇上有很大的差异,所以在核定工伤保险待遇之前首先要明确受伤或患病是否为工伤。

2. 应当认定工伤的情形

(1)在工作时间和工作场所内,因工作原因受到事故伤害的。

(2)工作时间前后在工作场所内,从事与工作有关的预备性或者收尾性工作受到事故伤害的。

(3)在工作时间和工作场所内,因履行工作职责受到暴力等意外伤害的。

(4)患职业病的:职业病是指企业、事业单位和个体经济组织的劳动者在职业活动中,因接触粉尘、放射性物质和其他有毒、有害物质等因素而引发的疾病。

(5)因工外出期间,由于工作原因受到伤害或者发生事故下落不明的;与上述第三种情形类似,只要没有证据否定职工因工外出期间受到的伤害与工作之间的必然联系的,在排除其他非工作原因后,应当认定为工作原因。

(6)在上下班途中,受到非本人主要责任的交通事故或者城市轨道交通、客运轮船、火车事故伤害的。

(7)法律、行政法规规定应当认定为工伤的其他情形。

3. 视同工伤的情形

在有些情形下,职工受伤或死亡与工作没有直接或间接的关系,但为国家和社会作出了突出贡献的,可以视同为工伤。视同工伤在待遇上应当认定为工伤的基本一致。职工有下列情形之一的视同工伤。

(1)在工作时间和工作岗位,突发疾病死亡或者在 48 小时内经抢救无效死亡的。

(2)在抢险救灾等维护国家利益、公共利益活动中受到伤害的。

(四)我国工伤保险的劳动能力鉴定

在确定属于工伤之后还要确定工伤的程度,即进行劳动能力鉴定。

劳动能力鉴定是指劳动功能障碍程度和生活自理障碍程度的等级鉴定,它是确定职工工伤待遇标准的基本依据。

劳动能力鉴定包括劳动功能障碍鉴定和生活自理障碍鉴定两个部门。依据工伤致残者的器官损伤、功能障碍及其对医疗与护理的依赖程度,适当考虑由于伤残引起的社会心理因素的影响,对伤残程度进行综合判定评级。其中劳动功能障碍分为十个伤残等级:一级至四级为全部丧失劳动能力;五级至六级为大部分丧失劳动能力;七级至十级为部分丧失劳动能力。

四、我国工伤保险的待遇标准

在我国,工伤保险待遇包括三个部分:工伤医疗待遇、停工留薪期待遇、因公伤残待遇。

(一)工伤医疗待遇

职工因工负伤或者患职业病进行治疗必要的费用开支,包括挂号费、诊疗费、治疗费、医药费、住院费等,符合规定的应当给予全额报销。

治疗工伤所需费用符合工伤保险诊疗项目目录、工伤保险药品目录、工伤保险住院服务标准的,从工伤保险基金支付。工伤保险诊疗项目目录、工伤保险药品目录、工伤保险住院服务标准,由国务院劳动保障行政部门会同国务院卫生行政部门、药品监督管理部门等规定。

职工住院治疗工伤的,由工伤保险基金提供住院伙食补助费;经过规定手续到统筹地区以外就医的,由工伤保险基金提供交通、食宿费用(《工伤保险条例》修改前由所在单位支付)。

工伤职工因日常或就业需要,经劳动能力鉴定委员会确认,可以安装矫形器、义肢等辅助器具,所需费用按照国家规定的标准从工伤保险基金支付。

配置辅助器具是帮助工伤职工恢复或提高身体机能的,在允许配置的规定内所购置的费用不需要工伤职工个人负担。工伤职工因日常生活或者就业需要,经劳动能力鉴定委员会确认,可以安装假肢、矫形器、假眼、假牙和配置轮椅等辅助器具,所需费用按照国家规定的标准从工伤保险基金支付。但应当指出,这项待遇不能以现金支付给工伤职工,是以配置器具作为补偿的一项待遇。

职工治疗工伤应当在签订服务协议的医疗机构就医,情况紧急时可以先到就近的医疗机构急救。工伤职工治疗非工伤引发的疾病,不享受工伤医疗待遇,按照基本医疗保险办法处理。

(二)停工留薪期待遇

停工留薪期待遇是指职工因工作遭受事故伤害或者患职业病需要暂停工作、接受工伤医疗的,在停工留薪期内,原工资福利待遇不变,由所在单位按月支付。

停工留薪期一般不超过 12 个月。伤情严重或者情况特殊,经社区的市级劳动能力鉴定委员会确认,可以适当延长,但延长不得超过 12 个月。工伤职工评定伤残等级后,停发原待遇,按照有关规定享受伤残待遇。工伤职工在停工留薪期满后仍需治疗的,继续享受工伤医疗待遇。生活不能自理的工伤职工在停工留薪期间需要生活护理的,由所在单位负责。

(三)因工伤残待遇

因工伤残待遇包括一次性伤残补助金待遇、伤残津贴待遇、生活护理费待遇、配置辅助器具待遇和一次性工伤医疗补助金和伤残就业补助金待遇。

1. 一次性伤残补助金待遇

职工因工致残经劳动能力鉴定委员会鉴定为一级至四级伤残的,保留劳动关系,退出工作岗位,从工伤保险基金按伤残等级支付一次性伤残补助金,标准为一级伤残为 27 个月的本人工资,二级伤残为 25 个月的本人工资,三级伤残为 23 个月的本人工资,四级伤残为 21 个月的本人工资。职工因工致残被鉴定为五级、六级伤残的,从工伤保险基金按伤残等级支付一次性伤残补助金,标准为五级伤残为 18 个月的本人工资,六级伤残为 16 个月的本人工资。职工因工致残被鉴定为七级至十级伤残的,从工伤保险基金按伤残等级支付一次性伤残补助金,标准为七级伤残为 13 个月的本人工资,八级伤残为 11 个月的本人工资,九级伤残为 9 个月的本人工资,十级伤残为 7 个月的本人工资。

2. 伤残津贴待遇

所谓伤残津贴待遇,是指工伤职工完全丧失劳动能力或是大部分丧失劳动能力时,由社会保险机构或用人单位为保障其基本生活,按月支付的保障待遇,这项待遇支付到退休年龄或未到退休年龄而死亡时止。

职工经劳动能力鉴定委员会鉴定伤残达到一至四级的,属于完全丧失劳动能力,用人单位应当与其保留劳动关系,使其能够按月享受伤残津贴待遇。待遇标准为:一级伤残为本人工资的90％,二级伤残为本人工资的85％,三级伤残为本人工资的80％,四级伤残为本人工资的75％。伤残津贴实际金额低于当地最低工资标准的,由工伤保险基金补足差额。

职工经劳动能力鉴定委员会鉴定伤残达到五至六级的,属于大部分丧失劳动能力,保留与用人单位的劳动关系,由用人单位安排适当工作。难以安排工作的,由用人单位按月发给伤残津贴,标准为五级伤残为本人工资的70％,六级伤残为本人工资的60％,并由用人单位按照规定为其缴纳应缴纳的各项社会保险费。伤残津贴实际金额低于当地最低工资标准的,由用人单位补足差额。经工伤职工本人提出,该职工可以与用人单位解除或者终止劳动关系,由用人单位支付一次性工伤医疗补助金和伤残就业补助金,具体标准由省、自治区、直辖市人民政府规定。七级至十级的没有按月发放的伤残津贴,劳动合同期满终止,或者职工本人提出解除劳动合同的,由用人单位支付一次性医疗补助金和伤残就业补助金。具体标准由省、自治区、直辖市人民政府规定。

工伤职工达到退休年龄并办理退休手续后,停发伤残津贴,享受基本养老保险待遇。基本养老保险待遇低于伤残津贴的,由工伤保险基金补足差额。

3.生活护理费待遇

生活护理费待遇是对工伤职工已完全丧失劳动能力、生活长期不能自理、需要别人护理所给予的一种补偿。工伤职工已经评定伤残等级并经劳动能力鉴定委员会确认需要生活护理的,从工伤保险基金按月支付生活护理费。

生活护理费按照生活完全不能自理、生活大部分不能自理或者生活部分不能自理三个不同等级支付,其标准分别为统筹地区上年度职工月平均工资的50％、40％或者30％。

4.特定待遇的支付

以上的工伤保险待遇的支付是对于一般性和普遍性的问题而言的,

而对于特性的问题是不适应的,还必须按照特殊情况进行特殊处理。

(1)再次发生工伤者待遇支付

职工再次发生工伤,根据规定应当享受伤残津贴的,按照新认定的伤残等级享受伤残津贴待遇。

(2)工伤保险责任变更情形下的待遇支付

用人单位分立、合并、转让的,承继单位应当承担原用人单位的工伤保险责任;用人单位实行承包经营的,工伤保险责任由职工劳动关系所在单位承担;职工被借调期间受到工伤事故伤害的,由原用人单位承担工伤保险责任,但原用人单位与借调单位可以约定补偿办法;企业破产的,在破产清算时,优先支付依法应由单位支付的工伤保险待遇费用。

(3)在两个或两个以上用人单位同时就业发生工伤事故

在两个或两个以上用人单位同时就业的,依法应当由用人单位承担的工伤保险待遇,由发生工伤事故时工作的单位支付;发生工伤事故时工作单位不确定的,由各工作单位共同负担。

(4)经营或非法雇佣情形下的待遇支付

如果用人单位是非法主体,既未取得工商行政管理部门核发的营业执照,又未经依法登记、备案,或被依法吊销营业执照,撤销登记、备案的单位的职工受到事故伤害或者患职业病的,由该单位向伤残职工或死亡职工的直系亲属给予一次性赔偿,赔偿标准不得低于《工伤保险条例》规定的工伤保险待遇;一旦发生人身伤害或患职业病,雇主应当承担赔偿责任,赔偿标准不得低于《工伤保险条例》规定的工伤保险待遇。

(5)在境外工作者的待遇支付

职工被派遣出境工作,依据前往国家或者地区的法律应当参加当地工伤保险的,参加当地工伤保险,在被派往境外工作期间发生工伤的在国外享受工伤保险待遇;不能参加当地工伤保险的,其国内工伤保险关系不中止,在被派往境外工作期间发生工伤的回国后享受工伤保险待遇,但在境外发生的工伤医疗费用由用人单位负责处理。

(6)商业保险的待遇支付

如果用人单位既为职工缴纳了工伤保险费,又为职工缴纳了意外事故商业保险,当职工发生工伤后,对于工伤医疗费用,只能在社会保险或商业保险一方报销,不能重复支付;但对于工伤职工的其他待遇,只有意外伤害险的赔付是可以兼得的。

5.代位补偿

职工所在用人单位未依法缴纳工伤保险费、发生工伤事故的,由用人单位支付工伤保险待遇。用人单位不支付的,从工伤保险基金中先行支付。从工伤保险基金中先行支付的工伤保险待遇应当由用人单位偿还。用人单位不偿还的,社会保险经办机构可以依法追偿。

由于第三人的原因造成工伤,第三人不支付工伤医疗费用或者无法确定第三人的,由工伤保险基金先行支付。工伤保险基金先行支付后,有权向第三人追偿。

6.停止享受工伤保险待遇的情形

工伤职工的工伤保险待遇并不是终身制的,工伤职工有下列情形之一的,停止享受工伤保险待遇。

（1）丧失享受待遇条件的

工伤保险制度保护的对象是一个特定的人群,当职工丧失享受条件的,就应该终止享受待遇。例如,工伤职工的伤残等级发生变化,不再具备享受伤残津贴的伤残等级,也就要停止享受伤残津贴待遇;又如因工死亡人员供养的子女年满18周岁,就丧失了享受工亡补贴的条件。

（2）拒不接受劳动能力鉴定的

一般情况下,工伤治疗伤情相对稳定或停工留薪期满,应当进行劳动能力鉴定;如在劳动能力鉴定后,伤情逐渐减轻,也应当进行劳动能力鉴定。工伤职工没有正当理由,拒绝接受劳动能力鉴定的,享受停工留薪期待遇或享受伤残津贴待遇的,应当停止支付待遇。

（3）拒绝治疗的

当工伤职工无正当理由拒绝接受医疗机构对其受伤部位所实施的治疗方案,工伤保险基金将停止向其支付工伤医疗待遇。所以工伤职工有享受工伤医疗的权利,同时,也有积极配合医疗救治的义务。

（4）被判刑正在收监执行的

工伤职工因违法被判刑、正在收监执行的，也要停止向其支付工伤保险待遇，但监外执行的，属于未被收监，可以继续享受工伤保险待遇。

五、工伤保险的意义

工伤保险的意义具体表现在以下几个方面。

（一）保障市场经济条件下工伤职工的基本权益

工伤是工业化过程中企业和职工难以避免的劳动风险，从我国工伤事故和职业危害的实际情况看，因各种事故每年导致非正常死亡的人数达十多万人，工伤致残有几十万人。建立社会共济的工伤保险制度可以使工伤职工得到及时的治疗，并使家属的基本生活得到保障，同时也不会出现用人单位拒不履行责任，逃避支付工伤保险费用的现象，这极大地保障了劳动者的利益。

（二）有助于建立健全社会保障体系

在市场经济条件下，为了保证公平竞争，分散劳动风险，维护社会稳定，必须建立养老、医疗、失业、工伤和生育等完善的社会保险体系。在世界范围内工伤保险制度是社会保险体系中开展最早、实施范围最广的项目，加快建立工伤保险制度已经成为完善社会保障体系的重要任务。

（三）有助于促进建立工伤事故和职业病危害防范机制

如何防范工伤事故，减少职业病是社会各界关注的问题。工伤保险与企业改善劳动条件、防病治病、安全教育、医疗康复等相结合，能增强职工的安全意识，防止或减少伤亡事故，保护职工的健康和安全，减少经济损失。运行工伤保险的费率杠杆和经济惩戒手段，可引导和促使企业加强安全生产管理，防止和减少伤亡事故，这已被国外经验所证明。

（四）有利于保护和发展社会生产力

工伤保险与康复相结合不仅在于劳动者因发生伤害后能得到补偿和医疗，同时，更应重视其部分或全部生活能力或劳动能力的恢复，这是对人力资源的充分利用,也是对劳动者人权的负责。

(五)有利于妥善处理事故和恢复正常生产,维护社会安定

由于实行工伤保险保障了工伤职工的医疗以及医疗期间的生活,这在一定程度上解除了职工的后顾之忧。工伤保险优厚于其他保险待遇,体现了补偿作用,反映了国家和企业对职工工匠精神的尊重,有利于提高职工工作和生产的积极性。

(六)有助于推进国有企业改革和国有经济结构调整

无论是实现国有企业解困,还是提高企业的竞争力,都需要通过建立社会保险制度来解决市场经济条件下职工面临的各种风险,工伤保险就是企业和职工特别关注的社会保险项目之一。

第五节　生育保险及发展

一、生育保险概述

在社会保险体系中,生育保险就基金规模而言属于"小险",就支付期限而言是短期保险,但其肩负着劳动力简单再生产和扩大再生产正常进行的使命,为保障妇女生育权、促进妇女就业发挥了重要的作用。

(一)生育保险的含义

生育保险是国家通过立法,对怀孕、分娩而无法从事正常的生产劳动,中断经济来源的女职工给予医疗保健服务、生活保障和物质帮助的一项社会保障制度,其宗旨在于通过向职业妇女提供生育津贴、医疗服务和产假,帮助他们恢复劳动能力,重返工作岗位,这主要是通过现金补助及实物供给的形式来实现。

就生育保险的内容而言,一般包括以下几个方面。

1. 生育津贴

在法定的生育休假期间对生育者的工资收入损失给予经济补偿。

2. 医疗护理

承担与生育有关的医护费用,包括产前检查费、分娩接生、生育期间必要药物的供应和住院治疗等。

3. 生育补助

对生育对象及其家属的生育费给予经济补助,又叫育儿津贴。

4. 生育休假

为保障母子在生育期间的健康对生育保险对象提供的假期,包括产假、父亲育儿假以及育儿假(母亲产假后父母双亲任何一方的育儿休假)。各国生育保险制度的具体内容因国情与政策的不同而有所不同,如育儿津贴和父亲育儿假等在欧盟一些国家较常见。

(二)生育保险的特征

生育保险和医疗保险相比,虽然都为参保者提供医疗保险、手术、药品等服务项目,但又存在着诸多不同点。

1. 享受待遇人群的特定性

享受待遇人群比较窄,享受时间一般为育龄期,享受时间相对比较集中。随着社会的进步和经济的发展,有些地区允许在女职工生育后,给予配偶一定假期以照顾妻子,并发给假期工资;还有些地区为男职工的配偶提供经济补助。而医疗保险享受人群范围比较广,没有性别的要求,在享受年龄段上也没有限制。

2. 生育期间的医疗服务范围的确定性

生育保险期间的医疗服务项目与医疗保险提供的医疗服务以治疗为主有所不同。生育期间的医疗服务侧重于指导孕妇处理好工作与休养、保健与锻炼的关系,使女职工能顺利度过生育期。产前检查以及分娩时的接生和助产,则是通过医疗手段帮助顺利生产。

3. 生育保险的给付项目较多

生育保险的给付项目包括生育假期、生育收入补偿、生育医疗保健和子女补助金等项目。在我国,生育保险还配合国家的人口控制政策,对实行晚婚、晚育的生育妇女制定一些奖励政策。

4.生育保险待遇有一定的福利性,给付标准较高

妇女生育履行繁衍人类的重要天职,为了保证新一代劳动力有较高的先天素质,同时又要保护妇女的身体健康,大多数国家的生育保险待遇的给付标准比较高,妇女生育所得补偿一般相当于被保险人生育前基本工资的100%,明显高于养老、医疗、失业保险的给付标准。另外,我国职工个人不缴纳生育保险费,而是由参保单位按照职工工资总额的一定比例缴纳。

(三)生育保险的意义

1.保证女职工的身体健康和劳动力的再生产

女职工在怀孕期间和生育的时候体力消耗很大,需要一段时间的休养和补充足够的营养。建立生育医疗保险就是为了保证女职工在生育期间得到及时的治疗和保健,保证其及早地恢复身体。女职工在产前产后的一段时间内,暂时丧失了劳动能力,不能通过劳动取得报酬以维持基本生活,而生育保险就能起保障其基本生活的作用,促进劳动力再生产的正常进行。生育保险是保证女职工身体健康、减轻由于生育所产生的生活困难,保护女职工劳动力的一项重要措施。

2.有利于延续后代,保证劳动力的连续再生产

建立生育保险不仅是为了保证女职工的身体健康,也是为了保护下一代,使其得到正常的孕育、出生和哺育。一般地说,母亲在怀孕及哺乳期有一定的营养,新生的婴儿就能有健康的体魄,正常的智力,这就为提高劳动力素质奠定了基础。建立生育保险是保证劳动力再生产的一个重要环节。

3.可以促进计划生育的贯彻执行

为了更好地贯彻计划生育的国策,可以利用生育保险的保障机制,对实行计划生育的女职工在假期、医疗保险方面给予优待,对不实行计划生育的女职工适当降低生育保险待遇,以充分发挥生育保险对计划生育的促进作用。

(四)生育保险待遇

1.生育假期待遇

为了保证母婴的身体健康,生育保险制度对女职工产前产后的休假天数进行了规定。国际劳工公约规定,女职工生育的产前产后的休假不应少于12周(84天)。产假为90天,其中产前休假15天,难产的增加产假15天;多胞胎生育,每多生一个婴儿,增加产假15天;女职工怀孕不满4个月流产的,根据医务部门的证明,给予15～30天的产假,怀孕满4个月以上流产的,给予45天的产假。对24周岁以上的晚育者女方增加15天假期,可以在产假后连续使用;对初婚或未生育过孩子的再婚男方给假3天。同时,对婴儿的哺乳时间也作了规定,即对女职工生育后的困难,经本人申请、单位批准,可请哺乳假六个半月,对不享受哺乳假期或哺乳假期满后,婴儿在一周岁以内的,规定每班两次授乳,每次为30分钟。多胞胎生育者,每多生一胎,每次哺乳时间增加30分钟(在本单位内授乳往返时间算作劳动时间)。女职工产假和哺乳假期满后,因身体健康原因,不能如期上班的,由医务部门证明,可酌情按病假规定延长不超过一年的假期。

2.生育保险的医疗待遇

我国现行办法规定,女职工生育的检查费、接生费、手术费、住院费和药费(包括出院后因生育引起的疾病的医疗费)由生育保险基金支出。超出规定的医疗服务费和药费(含自费药品和营养品的药费)由职工个人负担。各地区具体采取的办法不尽相同:一是生育医疗费采取实报实销的办法,但由于费用难以控制使生育医疗费用增长较快。二是采取定额支付的办法,即确定正常产的费用标准,难产、剖宫产或双胞胎生育费用标准,妊娠并发症定额标准。这一办法虽然简单,易于操作,对控制生育医疗费过快增长有一定作用,但对高危妊娠,产时大出血,羊水栓塞等危及生命的病症,定额费用不能保证其医疗需求。

3.生育津贴待遇

我国现行办法规定,生育产假期间生育津贴按照本企业上年度职工月平均工资计发,由生育保险基金支付。各地实行的办法有多种:①根据劳动部规定,按照企业上年度职工月平均工资支付。②按女职工产假前月平均工资支付。③按本人上年度月平均工资支付。④按上年度社会月平均工资支付。⑤按社会最低工资标准支付。后两种办法显然是不恰当的,因为企业缴纳的生育保险费是按企业工资总额计算的,而给付却按社会平均工资和社会最低工资标准,这违背了收支计算基数应该一致,权利与义务结合和对等的原则,也不符合生育保险待遇标准较高的原则。至于第②、第③种办法在实行了个人按本人工资额一定的比例缴费后,是可以采用的。

(五)生育保险制度的类型

1.社会保险制度

采取社会保险制度的国家通常采取的做法是通过立法规定个人、雇主、政府各自在疾病、生育保险基金的筹资比例(不一定都是三方负担),建立统一的基金,由基金支付覆盖群体的生育费用。这种制度一般覆盖所有雇员或部分雇员。一些国家将铁路、银行、公务人员、自我雇佣者等特殊行业划出,并采取专门的办法。

2.强制性保险和普遍医疗保健相结合的制度

强制性保险和普遍医疗保健相结合的制度一般在经济条件比较好的国家采用。其主要特征是本国所有雇员均可享受疾病或生育津贴,所有常住居民可以免费或负担很少的费用以享受医疗保健。享受生育津贴的人员要求在生育之前有一定时间是本国常住居民。

3.社会保险和雇主责任相结合的制度

采用社会保险和雇主责任相结合的制度的国家所占的比例比较小,一般在经济尚不发达的国家中采用。

二、生育保险制度框架及内容

生育保险制度的内容主要由覆盖范围、资金来源、支付条件、保险待遇、管理等几部分构成。

（一）生育保险的覆盖范围

1.按性别分

生育保险覆盖对象按性别可以分为男性和女性。传统上多认为生育保险的对象是女性，其实男性也是生育保险的对象。我国对晚育的男性也实行为期7天左右的带薪休假。

男性与生育保险的关系主要体现在以下几方面。

（1）生育保险费由男女共同承担

国际劳工组织《保护生育公约》规定：缴纳生育保险费，不应该分男女，应包括全部职工。

（2）父亲育儿假

男性不仅是生育保险费的承担者，男性也是生育保险的对象。从世界范围来看，男性享有生育保险的权利主要表现为有权休育儿假，做节育手术时有权享受生育保险。

男性育儿假可以分为有津贴的和无津贴的两种，有津贴的育儿假一般为3～10天，如荷兰带津贴的育儿假为2天，津贴相当于原工资的100%；无津贴的育儿假可以由男性和女性共同享受，男女双方可以商定由某一方休假或同时休假照顾婴儿。

设立男性育儿假的目的是改变由女性单方面休假抚育婴儿的传统做法，让男性也承担一份养育婴儿的责任，享受一份做父亲的天伦之乐。男性育儿假期的产生与女性越来越多地介入社会经济生活、就业比例不断上升、工资收入不断提高有关，也是男女公平就业价值观的体现。

2.按就业性质分

生育保险对象按就业性质可以分为正规就业者和非正规就业者。在我国职工生育保险的对象主要是城镇女职工，但仍有千千万万的城镇女职工不能享受生育保险。她们虽然也是工作在城市的劳动者，但她们主要是在"非正规部门"工作，一些以非正规方式就业的女职工也往往被排除在外，这类人群主要包括：个体户、家庭保姆、钟点工、临时工、非全日工。因此，非正规部门缺少社会保险，对女性更加不利。将社会保险的覆盖面扩大到非正规就业者，是各国政府努力的目标。

3. 按受益女性身份分

生育保险受益女性身份可以分为在业女工、未就业配偶和其他女性。生育保险主要受益者为在业女工,少数国家覆盖全民。在覆盖全民的情况下,所有居民都可享受生育补助及医疗待遇,只是要求居民在本国有一定居住期限。

(二)生育保险的待遇水平

1. 产假津贴

国际劳工组织规定的最低标准为本人员工工资的 67%,即原工资的 2/3。各国水平有所不同,有的为原工资的 100%;有的低于 100%;有的没有津贴。

2. 医疗费用

有关生产、住院、医疗等费用,有的国家规定实报实销,有的规定一个固定金额。

3. 生育补助

生育补助一般根据一个国家的福利水平、是否鼓励生育等政策而定。生育保险待遇在不同的国家是不同的,有的国家有这项待遇,有的国家没有此项待遇;有相同项目的不同国家,其待遇水平可能也不一样。

(三)生育保险的保险管理

生育保险从资金收支上来看是一个相对较小的社会保险险种,在管理上常常与其他险种合并收费。各国管理方式不同,生育保险基金来源也不同。有的国家将生育保险基金与另一种险种结合;有的国家将所有的保险项目放在一起管理。总体而言,管理方式有以下几种。一是将生育保险与养老、医疗、工伤、失业补助基金一起合并管理;二是将生育保险与医疗保险合并管理;三是将生育保险与医疗工伤保险合并管理;四是将生育保险与医疗失业保险合并管理;五是将生育保险与失业保险合一。

三、我国生育保险制度

(一)我国生育保险的现行制度

我国的生育保障制度分为三大体系,一是城镇职工生育保险制度,二是城镇居民生育保险制度,三是农村生育保障制度。

1.城镇职工生育保险制度

(1)范围和对象

城镇企业及职工、职工未就业配偶。

《社会保险法》明确了职工未就业配偶享受生育保险待遇。重新明确了职工未就业配偶享受生育保险待遇,职工未就业配偶按照国家规定享受生育医疗费用待遇,所需资金从生育保险基金中支付。

(2)资金筹集

企业按不超过职工工资总额的1‰向社会经办机构缴纳,职工个人不缴费。

生育保险根据"以支定收,收支基本平衡"的原则进行筹资。参加生育保险统筹的用人单位按照规定比例缴纳生育保险费,职工个人不缴费。考虑到全国地区间经济状况不同,生育费用支付不平衡等因素,具体基金提取比例由当地人民政府确定,但最高额不得超过职工工资的1‰。生育保险基金筹集主要有三种方式。

一是用人单位按照职工工资总额的一定比例向当地社会保险经办机构缴纳生育保险费。目前全国生育保险筹资比例保持在0.69‰左右的水平。二是国家机关、事业单位参保,资金来源于财政拨款。这部分人员仅仅享受医疗待遇。生育津贴部分由原工资渠道解决。根据各地生育保险法规规定,缴费一般为职工工资总额的0.4‰~0.5‰。三是按照绝对额征缴。用人单位按照规定的每人每月固定缴费额,向社会保险经办机构缴纳保险费。此办法只在少数地区实行。

(3)享受资格

企业参保缴费,职工遵守计划生育规定。女职工违反国家有关计划生育规定的,按照国家有关规定不享受生育保险待遇。另外,所在单位按照规定参加生育保险并为该职工连续足额缴费一年以上的享受该资格。

对于没有工作单位的生育人员,如果是参加生育保险男职工的配偶,无工作单位,其生育符合计划生育政策规定,按照相应标准的50%享受生育医疗补助。

（4）支付项目

生育保险基金支付项目包括生育津贴、与生育有关的医护费用、管理费。超出规定的医疗服务费和药费（含自费药品和营养药品的药费）由职工个人负担。女职工生育出院后，由生育引起的疾病的医疗费，由生育保险基金支付；其他疾病的医疗费，按照医疗保险待遇的规定办理；女职工产假期满后，因病需要休息治疗的，按照有关病假待遇和医疗保险待遇规定办理；女职工生育或流产后，由本人或所在企业持当地计划生育部门签发的计划生育证明，婴儿出生证明、死亡证明或流产证明，到当地社会保险经办机构办理手续，领取生育津贴和报销生育医疗费。

生育津贴相当于女职工产假期间的工资，生育津贴低于本人工资标准的，差额部分由企业补足。生育津贴按照女职工本人生育当月的缴费基数除以 30 再乘以产假天数计算。生育保险津贴发放标准为待遇标准。

生育津贴＝当月本单位人均缴费工资÷30 天×产假天数

产假 98 天，其中产前 15 天。多胞胎生育的，每多生育一个婴儿，增加产假 15 天。女职工怀孕流产的，其所在单位应当根据医务部门的证明，给予一定时间的产假。职工未就业配偶一般只享受生育医疗费津贴，支付标准尚未统一，大多数省市为在职女工平均工资的半数，有的为当地一个月的社会平均工资，有的为固定数额。

2. 城镇居民生育保险制度

城镇居民生育保险也是近年来我国社会保险制度的新项目，是在城镇居民医疗保险的基础上发展起来的，目前尚处于试点阶段。

3. 农村生育保障制度

（1）新农合制度

对于农村生育保障采取的措施是：加强农村孕、产妇和儿童保健工作，提高住院分娩率，改善儿童营养状况。要保证乡（镇）卫生院具备处理孕、产妇顺产的能力；县级医疗机构及中心乡（镇）卫生院具备处理孕、产妇难产的能力。新型农村合作医疗基金主要解决农民的大额医疗费用或住院医疗费用,其中包括农村妇女住院分娩的医疗费。

(2)公共卫生的"降消"项目

"降消"项目即降低孕、产妇死亡率,消除新生儿破伤风的公共卫生项目。主要是国家对中西部贫困地区进行救助,以补助医疗服务供方为主,包括农村卫生院增添设备、开展人员培训等。

(二)我国生育保险制度的改革方向

1.尽快弥补制度缺失

(1)扩大城镇职工生育保险制度覆盖面

进一步推进城镇职工生育保险制度,按照生育保险与医疗保险同步推进的思路,扩大生育保险覆盖面,做到应保尽保。在制度推进过程中,研究适合灵活就业人员、农民工的生育保险办法,逐步将所有与用人单位建立劳动关系的职工全部纳入参保范围,争取两年内使城镇职工生育保险覆盖面达到 90%。加大对生育保险扩面措施落实和监察执法的力度,确保城镇所有职工依法享受生育保险待遇。

(2)探索城镇居民生育保障模式

充分利用医疗保险的制度优势和覆盖人群优势,统筹解决生育保障问题。在东、中、西部地区选择部分城市进行试点,探索城镇居民生育保障模式和运行管理办法。重点是研究解决城镇居民、困难企业职工在基层医疗机构的住院分娩医疗费用问题,逐步将城镇居民基本医疗保险参保人员住院分娩发生的符合规定的医疗费用纳入城镇居民基本医疗保险基金支付范围。开展居民医疗保险门诊统筹的地区,将参保居民符合规定的产前检查费用纳入基金支付范围。在有条件的地区,将新生儿医疗费用纳入基本医疗保障范围。在总结试点经验的基础上,探索在全国范围内推广城镇居民生育保障制度。

2.逐步提高生育保障待遇水平

按照国家人口发展战略及城乡出生人口分布,逐步提高城镇职工、城乡居民的生育保障水平。城镇职工生育保险要努力做到在生育保险政策规定范围内"生孩子不花钱"。城镇居民生育待遇保障,要在城镇居民基本医疗保险制度报销住院费用一定比例的基础上,研究解决个人负担部分医疗费的办法,或根据当地具体情况适当提高住院医疗费用报销比例,逐步做到在基层医疗机构分娩,个人不负担医疗费。在农村积极推进中西部地区分娩补助计划和新农合政策的落实,通过提高财政补助标准、增强基金共济能力等方式,努力降低农村妇女在村、乡镇医疗机构分娩个人负担医疗费用的比例。

3.统筹规划城乡生育保障制度

（1）由单位保障过渡到社会保障

统筹规划机关、事业单位、企业等城镇各类用人单位的生育保障制度,逐步改变城市生育保障两种制度双轨运行的状态,由生育保障的单位负责制度过渡到以社会共济为核心的社会保险制度,真正发挥社会保障互助共济、均衡负担的作用,确保职工生育保障待遇的落实。

（2）统筹城乡生育保障制度

按照建立统筹城乡社会保障体系的总体要求,综合考虑城镇职工生育、农村生育保障制度的现实,立足当前、谋划长远、统筹兼顾、体现公平,优化城乡生育保障资源配置,满足城乡居民不同层次的生育保障需求,做好城乡生育保障制度的衔接。

积极探索解决城乡流动人口的生育保障问题,解决城乡人口跨区域流动生育保障制度的对接办法和管理措施。在制度设计中充分考虑城乡之间、地域之间、人群之间的差异,确保制度的科学性和持续性。探索符合农民工实际的生育保障办法,允许女农民工选择在就业地生育或返乡生育。对于返乡生育的女农民工,将探索生育医疗费用与生育地医疗机构直接结算或一次性定额支付等多种待遇支付方式供女农民工选择,以切实维护农民工的生育保障权益。

参考文献

[1]孙光德,董克用.社会保障概论[M].北京:中国人民大学出版社,2016.

[2]凌文豪.社会保障概论[M].开封:河南大学出版社,2013.

[3]杨翠迎.社会保障学[M].上海:复旦大学出版社,2015.

[4]吕学静.社会保障基金管理[M].北京:首都经济贸易大学出版社,2014.

[5]穆中怀.社会保障国家比较[M].北京:中国劳动社会保障出版社,2014.

[6]谢冰.社会保障概论2版[M].武汉:武汉大学出版社,2015.

[7]胡晓义.工伤保险[M].北京:中国劳动社会保障出版社,2012.

[8]丛春霞,刘晓梅.社会保障概论3版[M].大连:东北财经大学出版社,2015.

[9]李秉坤,陈淑君.社会保障学[M].北京:中国财富出版社,2014.

[10]胡晓义.医疗保险与生育保险[M].北京:中国劳动社会保障出版社,2012.

[11]邓大松,杨红燕.医疗保险与生育保险[M].北京:人民出版社,2013.

[12]杨翠迎.关联社会保障制度待遇标准及梯度研究[M].北京:经济科学出版社,2017.

[13]王巍,谢淑萍,路春艳.社会保障理论与实践[M].北京:科学出版社,2016.

[14]张邦辉,陈乙酉.邻里关系对农村留守老人身心健康的影响研究——基于劳动力流出地10省市调查数据的实证分析[J].管理世界,2017(11):178—179.

[15]武萍.社会养老保险基金运行风险管理存在的问题及对策[J].中国

行政管理,2012(3):57—60.

[16]翟新花.均等化视角下的失业保险制度优化设计[J].中国行政管理,2014(10):107—111.

[17]林闽钢.中国社会保障制度优化路径的选择[J].中国行政管理,2014(7):11—15.

[18]张翠娥,杨政怡.我国生育保险制度的发展历程与改革路径——基于增权视角[J].卫生经济研究,2013(1):23—27.

[19]黄燕芬,唐将伟,张超.住房保障发展不平衡不充分:表现、成因与对策[J].国家行政学院学报,2018(6):108—112.

[20]路锦非.社会保障基金管理[M].北京:清华大学出版社,2023.

[21]乔庆梅.中国残疾儿童社会福利:发展、路径与反思[J].社会保障评论,2018(3):123—132.

[22]宋明岷.社会保障基金管理:理论、实践与案例[M].上海:复旦大学出版社,2022.

[25]李春根.社会保障基金管理[M].北京:中国人民大学出版社,2023.

[26]秦立建,廖勇.社会保障事业高质量发展研究[M].北京:经济科学出版社,2023.

[27]刘康宁.高等职业教育扩招与外部质量保障研究[M].北京:中国社会科学出版社,2022.

[28]安仲文.社会保障学[M].大连:东北财经大学出版社,2016.

[29]王亦龙.共同富裕目标下社会保障高质量发展研究[M].北京:九州出版社,2023.

[30]马瑄.劳动与社会保障法[M].大连:东北财经大学出版社,2017.

[31]仇雨临.社会保障国际比较[M].北京:中国人民大学出版社,2019.

[32]刘钧.社会保障理论与实务[M].北京:清华大学出版社,2019.